Word ∞ master

중등 BASIC

Writers

홍미정

Staff

발행인 정선욱
퍼블리싱 총괄 남형주
개발 김태원 김한길 박하영 송경미
기획 · 디자인 · 마케팅 조비호 김정인 framewalk
유통 · 제작 서준성 신성철

워드마스터 중등 BASIC **202209 제2판 1쇄 202411 제2판 8쇄**
펴낸곳 이투스에듀㈜ 서울시 서초구 남부순환로 2547
고객센터 1599-3225
등록번호 제2007-000035호
ISBN 979-11-389-1084-2 [53740]

문법이 없으면
약간의 의미가 전달되지만,
어휘가 없이는
의미가 전혀 전달되지 않는다.

-Wilkins

아기들이 말을 배우는 과정을 유심히 살펴 본 적이 있나요? 처음에는 단어 몇 개로 말을 하다가 점차로 많은 단어를 말하다가 비로소 문장 형태로 말을 합니다. 여러 단어들을 엮어서 문장으로 말을 하게 되는 거죠.

이처럼 단어는 새로운 언어를 배울 때 중요한 첫 관문이자, 기본 바탕이 됩니다. 하지만 정말 많은 영어 단어 중에서 어떤 단어를 어떻게 배우는 게 가장 효과적일까요?

여기 **워드마스터 중등 BASIC**에 그 답이 있습니다.

- **주제별로 학습**합니다. 연관성 높은 단어들을 묶어 학습하면 여러분의 머릿속에 어휘들의 그룹이 생겨납니다.
- 예문 학습도 굉장히 중요합니다. 단어가 실제 문장에서 어떻게 쓰이는지 확인하는 과정입니다. **교과서에 나오는 예구와 예문**으로 공부하세요. **표제어를 바로 써보며 철자까지 완벽하게 학습**할 수 있습니다.
- **비슷한 말**과 **반대말**도 함께 공부하면 훨씬 풍부한 어휘력을 갖게 됩니다.
- **Voca tip**과 **Culture tip**을 통해서 단어와 관련된 유용한 표현, 어원, 문화적인 배경 등을 확인할 수 있습니다.

여러분, 워드마스터 중등 BASIC과 함께 재미있는 영어 공부를 시작해 봐요!

Features

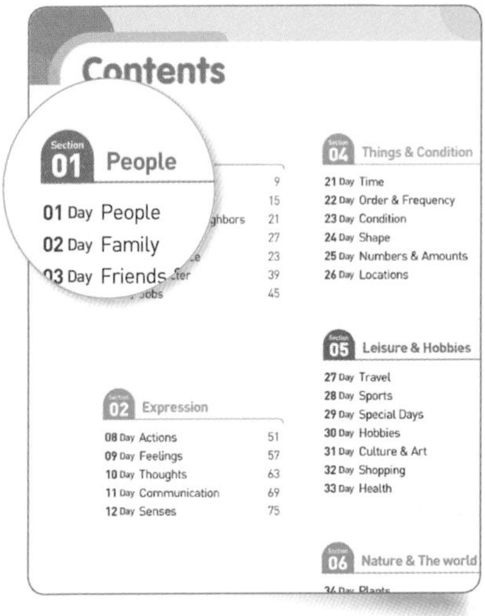
Contents

Section 01 People

01 Day People 9
02 Day Family 15
03 Day Friends 21
27
23
39
45

Section 02 Expression

08 Day Actions 51
09 Day Feelings 57
10 Day Thoughts 63
11 Day Communication 69
12 Day Senses 75

Section 04 Things & Condition

21 Day Time
22 Day Order & Frequency
23 Day Condition
24 Day Shape
25 Day Numbers & Amounts
26 Day Locations

Section 05 Leisure & Hobbies

27 Day Travel
28 Day Sports
29 Day Special Days
30 Day Hobbies
31 Day Culture & Art
32 Day Shopping
33 Day Health

Section 06 Nature & The world

34 Day Plants

주제별 단어 학습

우리의 생활과 밀접하게 관련된 People, Expression, Daily Life, Things & Condition, Leisure & Hobbies, Nature & The World의 6가지 큰 주제를 다시 40개의 소주제로 나누어 의미가 긴밀히 연결된 단어들을 함께 제시합니다. 주제별 학습은 단어들 간의 연상 작용을 통해 학습 흥미와 암기 효과를 높여 줍니다.

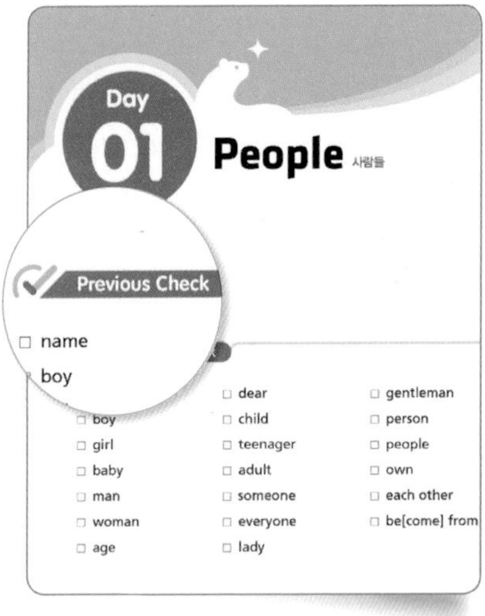
Day 01 People 사람들

Previous Check

□ name
□ boy

□ boy
□ girl
□ baby
□ man
□ woman
□ age

□ dear
□ child
□ teenager
□ adult
□ someone
□ everyone
□ lady

□ gentleman
□ person
□ people
□ own
□ each other
□ be[come] from

Previous Check

각 Day 별로 학습할 단어들을 미리 체크해 볼 수 있습니다.

ex)

- 뜻을 명확하게 알고 있는 단어 ○
- 뜻이 잘 생각나지 않는 단어 △
- 생소한 단어 ×

위의 예와 같이 체크하면 본문에서 좀 더 자세히 봐야 할 단어들에 집중해 학습할 수 있고, 학습이 끝난 후 다시 돌아와 헷갈리거나 몰랐던 단어들을 모두 정확하게 학습했는지 체크해 볼 수 있습니다.

이 책에 나오는 약호

명 명사	대 대명사	동 동사	형 형용사	부 부사
전 전치사	접 접속사	유 유의어	반 반의어	복 복수형

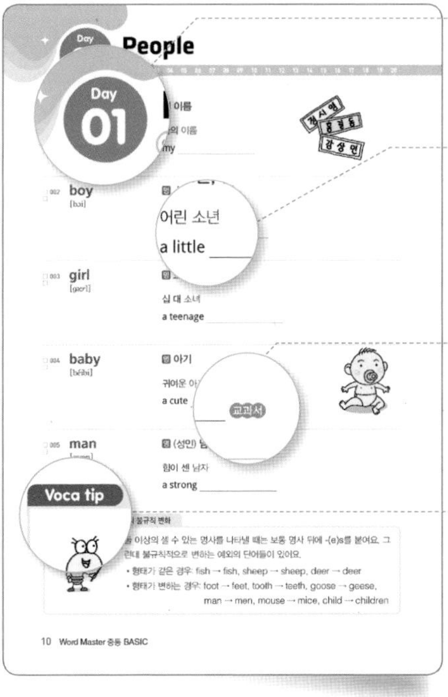

40일 완성

주제별로 계획된 40Days 일정에 따라 학습할 수 있습니다.

실용적인 예구·예문의 문제화

학습한 어휘를 가장 잘 기억하고 활용할 수 있도록 쉽고 짧은 예구와 예문을 사용하였으며, 예구와 예문 안에서 학습한 단어를 직접 써봄으로써 능동적으로 단어를 암기할 수 있습니다.

교과서 예구·예문

학습한 어휘가 실제 교과서에서 어떻게 적용되는지 파악할 수 있습니다.

Voca tip & Culture tip

표제어와 관련된 유용한 표현, 합성어, 문법 규칙, 접두사 · 접미사, 유의어의 의미 차이, broken English, 영미 문화 등 다양하고 유용한 팁을 제공하여 단어 이해와 활용의 폭을 넓힐 수 있습니다.

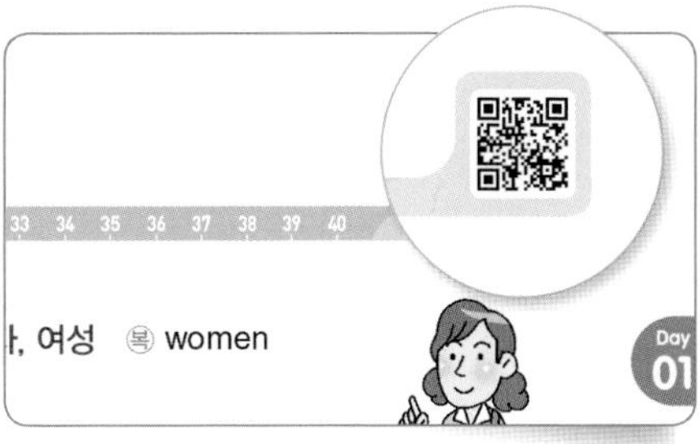

듣기 QR 코드

표제어와 뜻을 읽어 주는 표제어 암기용 MP3를 QR코드를 통해 쉽게 들을 수 있습니다.

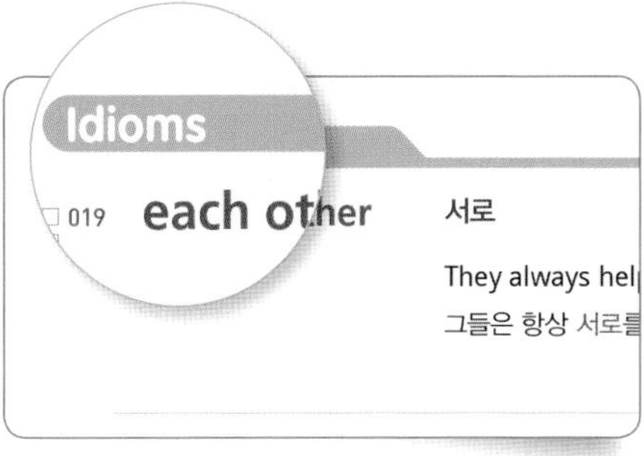

필수 숙어 Idioms

한 Day 안에서 2~3개의 필수 숙어를 함께 학습할 수 있습니다.

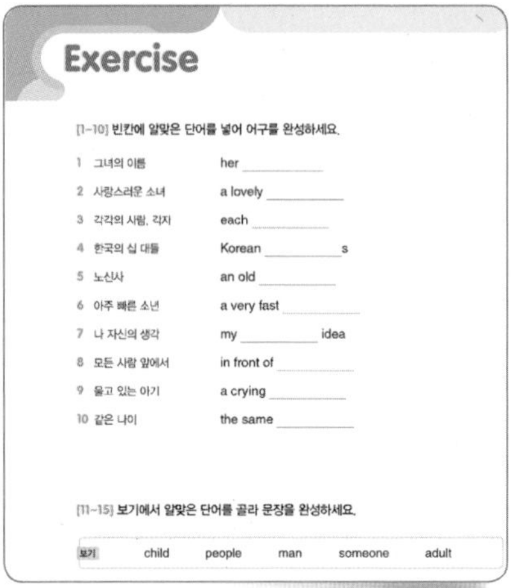

Exercise

[1~10] 빈칸에 알맞은 단어를 넣어 어구를 완성하세요.

1	그녀의 이름	her ________
2	사랑스러운 소녀	a lovely ________
3	각각의 사람, 각자	each ________
4	한국의 십 대들	Korean ________s
5	노신사	an old ________
6	아주 빠른 소년	a very fast ________
7	나 자신의 생각	my ________ idea
8	모든 사람 앞에서	in front of ________
9	울고 있는 아기	a crying ________
10	같은 나이	the same ________

[11~15] 보기에서 알맞은 단어를 골라 문장을 완성하세요.

보기 child people man someone adult

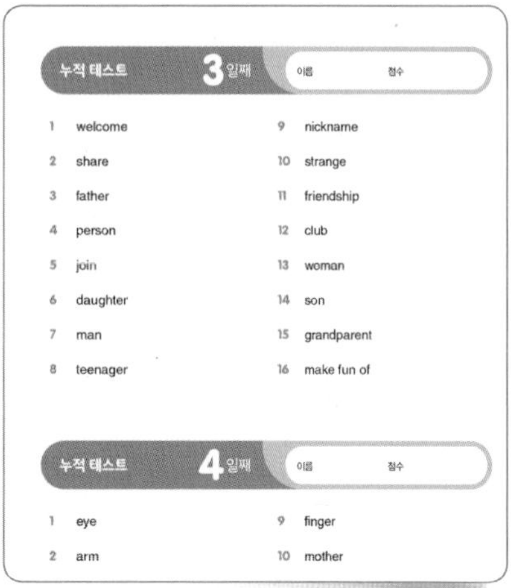

누적 테스트 3일째 이름 점수

1	welcome	9	nickname
2	share	10	strange
3	father	11	friendship
4	person	12	club
5	join	13	woman
6	daughter	14	son
7	man	15	grandparent
8	teenager	16	make fun of

누적 테스트 4일째 이름 점수

1	eye	9	finger
2	arm	10	mother

Exercise

매회 제공되는 어구 완성과 문장 완성 문제를 통해 학습 성취도를 파악할 수 있습니다.

누적 테스트

날마다 누적 테스트를 통해 앞에서 배운 단어를 반복하여 학습할 수 있습니다.

온&오프 시스템으로 강화된 **Word Master**의 단어 암기 효과

워크북

본책 학습 후 워크북을 통해 셀프 테스트 및 복습이 가능합니다. 1 Day에서 학습한 단어와 예문을 테스트하는 Daily Check-up과 4 Day씩 학습한 단어를 테스트하는 **4일 누적 테스트**로 구성되어 있습니다.

미니북

표제어의 단어-뜻, 듣기 QR코드가 수록된 미니북으로 언제 어디서나 간편하게 단어를 외울 수 있습니다.

학습앱

자투리 시간을 활용하여 단어 암기뿐만 아니라 MP3 파일 재생, 단어 테스트까지 하나의 앱으로 가능합니다. **워크북**의 **학습앱 코드**를 입력하여 사용하세요!

Contents

Day 01 People 사람들

Previous Check

- □ name
- □ boy
- □ girl
- □ baby
- □ man
- □ woman
- □ age
- □ dear
- □ child
- □ teenager
- □ adult
- □ someone
- □ everyone
- □ lady
- □ gentleman
- □ person
- □ people
- □ own
- □ each other
- □ be[come] from

People

□ 001 **name** [neim]
□

명 이름

나의 이름

my ________________

□ 002 **boy** [bɔi]
□

명 소년, 남자아이

어린 소년

a little ________________

□ 003 **girl** [gəːrl]
□

명 소녀, 여자아이

십 대 소녀

a teenage ________________

□ 004 **baby** [béibi]
□

명 아기

귀여운 아기

a cute ________________ 교과서

□ 005 **man** [mæn]
□

명 (성인) 남자, 남성 ㊌ men

힘이 센 남자

a strong ________________

Voca tip 복수형의 불규칙 변화

둘 이상의 셀 수 있는 명사를 나타낼 때는 보통 명사 뒤에 -(e)s를 붙여요. 그런데 불규칙적으로 변하는 예외의 단어들이 있어요.

- 형태가 같은 경우: fish → fish, sheep → sheep, deer → deer
- 형태가 변하는 경우: foot → feet, tooth → teeth, goose → geese, man → men, mouse → mice, child → children

□ 006 **woman** [wúmən]
□

명 (성인) 여자, 여성 복 women

친절한 여성

a kind ______________

□ 007 **age** [eidʒ]
□

명 나이

나와 같은 나이의 소녀

a girl of my ______________

□ 008 **dear** [diər]
□

형 사랑하는, 소중한

사랑하는 내 친구에게

To my ______________ friend

□ 009 **child** [tʃaild]
□

명 아이, 어린이 유 kid 복 children

네 살짜리 아이

a four-year-old ______________

□ 010 **teenager** [tíːnèidʒər]
□

명 십 대 유 teen

십 대들을 위한 웹사이트

a website for ______________s 교과서

□ 011 **adult** [ədʌ́lt]
□

명 성인, 어른 ⊕유 grown-up

어른이 되다

become an ________

Culture tip kidult

kidult(키덜트)는 kid(아이)와 adult(어른)의 합성어로, '어린이 같은 어른', 즉 어린아이 같은 취미를 가진 어른을 가리키는 말이에요. 성인이 되어서도 어린이들이 좋아하는 장난감과 놀이에 흥미를 느끼고, 아이들의 취미로만 여겨지던 조립식 장난감과 피규어 수집 등에 상당한 시간을 할애하는 어른을 뜻한답니다.

□ 012 **someone** [sʌ́mwʌn]
□

대 누군가, 어떤 사람 ⊕유 somebody

내 방에 누군가 있다.

There is ________ in my room.

□ 013 **everyone** [évriwʌ̀n]
□

대 모두, 모든 사람 ⊕유 everybody

모두가 그 계획을 좋아한다.

________ likes the plan. 교과서

□ 014 **lady** [léidi]
□

명 여성, 숙녀, 부인

젊은 여성

a young ________

015 **gentleman** [dʒéntlmən]

명 신사, 양반

진정한 신사

a real ______________

016 **person** [pə́ːrsən]

명 사람, 개인

유명한 사람

a famous ______________

017 **people** [píːpl]

명 사람들

많은 사람들

many ______________

018 **own** [oun]

형 자기 자신의

Mary는 그녀 자신의 블로그를 가지고 있다.

Mary has her ______________ blog. 교과서

Idioms

019 **each other**

서로

They always help **each other**. 교과서

그들은 항상 서로를 돕는다.

020 **be[come] from**

~ 출신이다, ~에서 오다

I'm from Canada. 교과서

나는 캐나다 출신이다.

Exercise

[1~10] 빈칸에 알맞은 단어를 넣어 어구를 완성하세요.

1 그녀의 이름 her ____________

2 사랑스러운 소녀 a lovely ____________

3 각각의 사람, 각자 each ____________

4 한국의 십 대들 Korean ____________s

5 노신사 an old ____________

6 아주 빠른 소년 a very fast ____________

7 나 자신의 생각 my ____________ idea

8 모든 사람 앞에서 in front of ____________

9 울고 있는 아기 a crying ____________

10 같은 나이 the same ____________

[11~15] 보기에서 알맞은 단어를 골라 문장을 완성하세요.

보기	child	people	man	someone	adult

11 ____________ called my name. 누군가 내 이름을 불렀다.

12 Tony acts like a(n) ____________. Tony는 어른처럼 행동한다.

13 Many ____________ are on the bus. 버스에 많은 사람들이 있다.

14 They have one ____________. 그들은 아이가 하나 있다.

15 The ____________ on the bench is my uncle.
벤치에 앉아 있는 남자는 나의 삼촌이다.

Day 02 Family 가족

Previous Check

□ family	□ marry	□ cousin
□ father	□ husband	□ member
□ mother	□ wife	□ pet
□ son	□ parent	□ relative
□ daughter	□ uncle	□ be born
□ brother	□ aunt	□ take care of
□ sister	□ grandparent	

Day 02

Family

□ 021 **family** [fǽməli]

명 가족

대가족

a big ______________ 교과서

□ 022 **father** [fá:ðər]

명 아버지 ㊒ dad

나의 아버지

my ______________

□ 023 **mother** [mʌ́ðər]

명 어머니 ㊒ mom

나의 어머니

my ______________

□ 024 **son** [sʌn]

명 아들

부전자전

like father, like ______________

□ 025 **daughter** [dɔ́:tər]

명 딸

그의 외동딸

his only ______________

□ 026 **brother** [brʌ́ðər]

명 형, 오빠, 남동생

내 남동생

my younger ______________

□ 027 **sister** [sístər]

명 언니, 누나, 여동생

그녀의 큰언니

her big ______________

□ 028 **marry** [mǽri]

동 결혼하다

그 왕과 결혼하다

______________ the king 교과서

Voca tip in-law

결혼을 통해서 가족이 된 배우자의 가족은 배우자의 가족 관계 호칭 뒤에 in-law를 붙여서 표현해요.

- father-in-law (배우자의 아버지)
- mother-in-law (배우자의 어머니)
- brother-in-law (배우자의 남자 형제)
- sister-in-law (배우자의 여자 형제)

□ 029 **husband** [hʌ́zbənd]

명 남편

다정한 남편

a loving ______________

□ 030 **wife** [waif]

명 아내, 부인 복 wives

부부

husband and ______________

□ 031 **parent**
□ [pέ(:)ərənt]

명 (-s) 부모

너의 부모님

your ______________ s

Culture tip 어버이날

우리나라의 어버이날은 영어로 Parents' Day라고 표현해요. 미국에도 우리의 어버이날에 해당하는 기념일이 있는데, 바로 어머니의 날과 아버지의 날이랍니다.

- Mother's Day (어머니의 날): 5월의 두 번째 일요일
- Father's Day (아버지의 날): 6월의 세 번째 일요일

□ 032 **uncle**
□ [ʌ́ŋkl]

명 삼촌

나의 삼촌은 의사이다.

My ______________ is a doctor.

□ 033 **aunt**
□ [ænt]

명 고모, 이모, 숙모

나의 이모는 캐나다에 산다.

My ______________ lives in Canada.

□ 034 **grandparent**
□ [grǽndpὲərənt]

명 (-s) 조부모

나의 조부모님을 방문하다

visit my ______________ s

□ 035 **cousin** [kʌ́zən]

명 사촌

이 아이는 내 사촌이다.

This is my ______________.

□ 036 **member** [mémbər]

명 구성원, 일원

나의 가족 구성원들

my family ______________s

□ 037 **pet** [pet]

명 반려동물

반려견

a ______________ dog

□ 038 **relative** [rélətiv]

명 친척

가까운 친척

a close ______________

Idioms

□ 039 **be born**

태어나다

He **was born** in 2005.

그는 2005년에 태어났다.

□ 040 **take care of**

~을 돌보다

I **take care of** sick students. 교과서

나는 아픈 학생들을 돌본다.

Exercise

[1~10] 빈칸에 알맞은 단어를 넣어 어구를 완성하세요.

1	외아들	an only ___________
2	나의 여동생	my little ___________
3	강아지들을 보살피다	take ___________ of puppies
4	새로운 구성원	a new ___________
5	나의 사촌 동생	my younger ___________
6	행복한 가족	a happy ___________
7	친척들을 방문하다	visit ___________s
8	반려식물	a ___________ plant
9	가수와 결혼하다	___________ a singer
10	둘째 딸	the second ___________

[11~15] 보기에서 알맞은 단어를 골라 문장을 완성하세요.

보기	wife	parent	brother	grandparent	born

11 I have two younger ___________s. 나에게는 두 명의 남동생이 있다.

12 I visited my ___________s yesterday. 나는 어제 나의 조부모님을 방문했다.

13 He loves his ___________. 그는 자신의 부인을 사랑한다.

14 She was ___________ in Seoul. 그녀는 서울에서 태어났다.

15 My ___________s live in the country. 나의 부모님은 시골에 사신다.

Day 03 Friends & Neighbors 친구와 이웃

Previous Check

- □ friend
- □ together
- □ club
- □ join
- □ fight
- □ group
- □ classmate
- □ partner
- □ alone
- □ friendship
- □ share
- □ neighbor
- □ favor
- □ introduce
- □ harmony
- □ nickname
- □ welcome
- □ strange
- □ hang out (with)
- □ make fun of

Day 03 Friends & Neighbors

□ 041 **friend**
□ [frend]

명 친구

나의 제일 친한 친구

my best ________________

□ 042 **together**
□ [təgéðər]

부 함께, 같이

함께 일하다

work ________________ 교과서

□ 043 **club**
□ [klʌb]

명 동아리, 클럽

독서 동아리

a book ________________

□ 044 **join**
□ [dʒɔin]

동 가입하다, 함께하다

댄스 동아리에 가입하다

________________ a dance club

□ 045 **fight**
□ [fait]

동 싸우다 (fought-fought)

친구와 싸우다

________________ with a friend

□ 046 **group**
□ [gru:p]

명 무리, 집단, 그룹

스터디 그룹, 공부 모임

a study ________________

□ 047 **classmate** [klǽsmèit]

명 급우, 반 친구

그는 내 반 친구이다.

He is my ______________. 교과서

□ 048 **partner** [pάːrtnər]

명 파트너, 짝

짝과 함께 그것을 풀어라.

Solve it with your ______________.

□ 049 **alone** [əlóun]

형 부 혼자

날 혼자 내버려둬.

Leave me ______________.

□ 050 **friendship** [fréndʃip]

명 우정

오랜 우정

an old ______________

Voca tip -ship

접미사 -ship은 단어 뒤에 붙어서 그 단어가 '상태[자격], 능력, 정신적인 특성'의 의미를 갖게 해 주어요.

- owner (소유주) + -ship = ownership (소유권)
- leader (지도자) + -ship = leadership (리더십, 지도력)
- member (회원, 일원) + -ship = membership (회원 자격)
- fellow (동료) + -ship = fellowship (동료 의식)
- sportsman (스포츠맨) + -ship = sportsmanship (스포츠맨 정신)

□ 051 **share** [ʃεər]
□

동 함께 쓰다; 나누다

케이크를 나눠 먹다

__________ a cake

□ 052 **neighbor** [néibər]
□

명 이웃

좋은 이웃

a good __________

Voca tip 묵음

neighbor는 네이버[néibər]로 발음해요. 단어 중간의 철자 gh는 발음되지 않는 것을 알 수 있어요. 이렇게 글자 상으로는 표기되지만 실제로는 발음되지 않는 글자를 묵음(silent syllable)이라고 하며, 영어에는 다양한 묵음이 존재해요.

- 묵음 b: climb, thumb, comb, lamb
- 묵음 g: sign, design
- 묵음 h: what, white, hour, honest, school, echo

□ 053 **favor** [féivər]
□

명 호의, 부탁

부탁 하나 해도 될까?

Will you do me a __________?

□ 054 **introduce** [ìntrədjúːs]
□

동 소개하다

내 친구들을 소개하다

__________ my friends

□ 055 **harmony** [hɑ́:rməni]
□

명 조화, 화합

조화를 이루며 살다

live in ______________ 교과서

□ 056 **nickname** [níknèim]
□

명 별명

네 별명이 뭐니?

What's your ______________?

□ 057 **welcome** [wélkəm]
□

동 환영하다 ㊌ greet

돌아온 것을 환영해요!

______________ back!

□ 058 **strange** [streindʒ]
□

형 이상한; 낯선

낯선 도시

a ______________ city

Idioms

□ 059 **hang out (with)**
□

(~와) 시간을 보내다, 어울려 놀다

I **hang out with** my friends on weekends.

나는 주말마다 나의 친구들과 시간을 보낸다.

□ 060 **make fun of**
□

~을 놀리다

Rabbit **made fun of** Turtle. 교과서

토끼는 거북이를 놀렸다.

Exercise

[1~10] 빈칸에 알맞은 단어를 넣어 어구를 완성하세요.

1 나의 옛 친구 my old ____________

2 함께 걷다 walk ____________

3 우리의 우정 our ____________

4 완벽한 조화를 이루다 be in perfect ____________

5 그의 별명을 부르다 call his ____________

6 급우를 만나다 meet a ____________

7 만화 동아리 a cartoon ____________

8 방을 함께 쓰다 ____________ a room

9 단체 경기 a ____________ game

10 방문객들을 환영하다 ____________ the visitors

[11~15] 보기에서 알맞은 단어를 골라 문장을 완성하세요.

보기	introduce	strange	join	favor	alone

11 I want to ask you a(n) ____________. 너에게 부탁이 하나 있어.

12 Please ____________ her to me. 그녀를 나에게 소개해 줘.

13 I don't like to be ____________. 나는 혼자 있는 것을 싫어한다.

14 This place is ____________ to me. 이 장소는 나에게 낯설다

15 She ____________ed the drama club. 그녀는 연극 동아리에 가입했다.

Day 04

The Body 신체

Previous Check

□ body	□ tongue	□ leg
□ ear	□ head	□ knee
□ eye	□ hair	□ foot
□ nose	□ arm	□ toe
□ mouth	□ shoulder	□ grow up
□ skin	□ hand	□ watch out
□ tooth	□ finger	

Day 04

The Body

□ 061 **body** [bádi]

명 몸, 신체

체지방

__________ fat

□ 062 **ear** [iər]

명 귀

내 귀를 막다

cover my __________s

□ 063 **eye** [ai]

명 눈

내 눈을 감다

close my __________s

□ 064 **nose** [nouz]

명 코

내 코를 풀다

blow my __________ 교과서

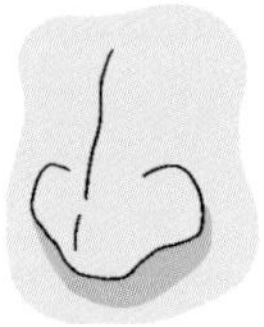

□ 065 **mouth** [mauθ]

명 입

내 입을 벌리다

open my __________

Voca tip 신체 부위가 쓰인 표현

- big mouth (수다쟁이, 입이 가벼운 사람)
  She has a **big mouth**. (그녀는 수다쟁이야.)
- long face (우울한 얼굴)
  Why the **long face**? (왜 그렇게 우울한 얼굴이니?)

□ 066 **skin** [skin]

명 피부

건조한 피부

dry ________

□ 067 **tooth** [tu:θ]

명 이, 치아 복 teeth

사랑니

a wisdom ________

□ 068 **tongue** [tʌŋ]

명 혀

그의 혀를 내밀다

stick his ________ out

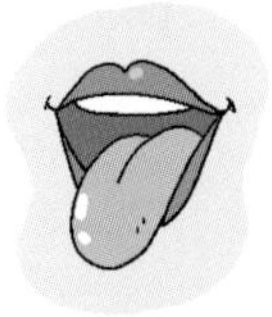

□ 069 **head** [hed]

명 머리

그는 머리를 끄덕였다.

He nodded his ________.

□ 070 **hair** [hɛər]

명 머리카락, 털

긴 갈색 머리카락

long brown ________

□ 071 **arm** [ɑːrm]
□

명 팔

왼쪽 팔

left ______________

□ 072 **shoulder** [ʃóuldər]
□

명 어깨

넓은 어깨

broad ______________s

□ 073 **hand** [hænd]
□

명 손

그들은 손을 잡고 있다.

They are holding ______________s. 교과서

□ 074 **finger** [fíŋgər]
□

명 손가락

집게손가락

an index ______________

Voca tip fingers

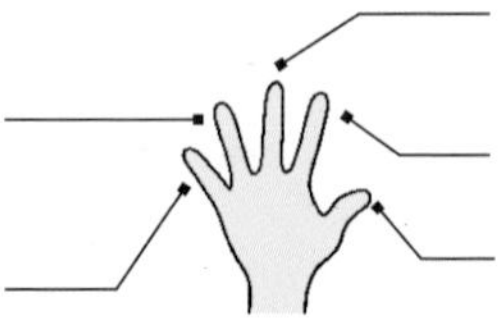

□ 075 **leg**
□ [leg]

명 다리

내 오른쪽 다리

my right ______________

□ 076 **knee**
□ [niː]

명 무릎

내 무릎을 꿇다

bend my ______________ s

□ 077 **foot**
□ [fut]

명 발 복 feet

발로, 걸어서

on ______________

□ 078 **toe**
□ [tou]

명 발가락

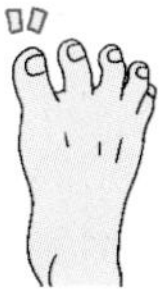

엄지발가락

a big ______________

Idioms

□ 079 **grow up**
□

성장하다, 자라다

I **grew up** in Seoul.

나는 서울에서 자랐다.

□ 080 **watch out**
□

조심하다

Watch out for bees! 교과서

벌을 조심해!

Exercise

[1~10] 빈칸에 알맞은 단어를 넣어 어구를 완성하세요.

1 너의 피부를 보호하다 protect your ___________

2 내 눈을 깜빡이다 blink my ___________s

3 이빨 요정 the ___________ fairy

4 그의 왼손 his left ___________

5 새끼손가락 a little ___________

6 그녀의 머리를 가로젓다 shake her ___________

7 나의 혀끝 on the tip of my ___________

8 콧물이 흐르다 have a runny ___________

9 대도시에서 자라다 grow ___________ in a big city

10 머리부터 발끝까지 from head to ___________

[11~15] 보기에서 알맞은 단어를 골라 문장을 완성하세요.

보기	body	knee	mouth	hair	leg

11 Please bend your ___________s. 무릎을 구부리세요.

12 He is crossing his ___________s. 그는 다리를 꼬고 있다.

13 My sister has long ___________. 나의 언니는 머리카락이 길다.

14 Keep your ___________ warm. 몸을 따뜻하게 유지하세요.

15 Don't speak with your ___________ full.
입에 음식을 가득 넣은 채로 말하지 말아라.

Day 05 Appearance 외모

Previous Check

- □ old
- □ young
- □ short
- □ tall
- □ long
- □ pretty
- □ ugly
- □ handsome
- □ face
- □ thin
- □ fat
- □ curly
- □ blond
- □ change
- □ lovely
- □ cute
- □ normal
- □ beautiful
- □ look like
- □ show up

Day 05

Appearance

□ 081 **old** [ould]
□

형 늙은, 나이 많은; 오래된

노인

an ________________ man

□ 082 **young** [jʌŋ]
□

형 어린, 젊은

젊은이들

________________ people

□ 083 **short** [ʃɔːrt]
□

형 키가 작은, 짧은

나는 키가 작다.

I am ________________.

□ 084 **tall** [tɔːl]
□

형 키가 큰, 높은

키가 큰 남자

a ________________ man

□ 085 **long** [lɔ(ː)ŋ]
□

형 긴

코끼리는 긴 코를 가졌다.

Elephants have a ________________ nose. 교과서

Voca tip tall vs. long

tall은 높이와 관련된 표현으로 '사람, 건물, 나무 등이 키가 큰, 높은'의 의미를 나타내는 반면, long은 길이와 관련된 표현으로 '길이나 거리가 긴'의 의미를 나타내요.

- a **tall** building (높은 건물)
- a **long** skirt (긴 치마)

□ 086 **pretty**
□ [príti]

형 예쁜, 귀여운

그 강아지는 매우 예쁘다.

The puppy is so ______________. 교과서

□ 087 **ugly**
□ [ʌ́gli]

형 못생긴, 보기 싫은

못생긴 얼굴

an ______________ face

□ 088 **handsome**
□ [hǽnsəm]

형 잘생긴

잘생긴 소년

a ______________ boy

□ 089 **face**
□ [feis]

명 얼굴

동그란 얼굴

a round ______________

□ 090 **thin**
□ [θin]

형 날씬한, 마른; 얇은, 가는

그녀는 날씬해 보인다.

She looks ______________.

□ 091 **fat**
□ [fæt]

형 뚱뚱한, 살찐

뚱뚱한 고양이

a ________________ cat

□ 092 **curly**
□ [kə́ːrli]

형 곱슬곱슬한 반 straight 곧은, 똑바로

곱슬머리

________________ hair

□ 093 **blond**
□ [blɑnd]

형 금발인

금발 머리

________________ hair

Culture tip hairstyle

- straight hair (생머리): 곱슬곱슬하지 않고 곧은 머리
- ponytail (포니테일): 긴 머리를 뒤로 하여 하나로 묶은 머리
- braided hair (땋은 머리): 머리카락을 두세 가닥으로 나누어 교차시켜 꼬아 놓은 머리

□ 094 **change**
□ [tʃeindʒ]

동 바꾸다; 변하다

나의 머리 모양을 바꾸다

________________ my hairstyle

□ 095 **lovely** [lʌ́vli]

형 사랑스러운

사랑스러운 눈

__________ eyes

□ 096 **cute** [kjuːt]

형 귀여운

귀여운 아기

a __________ baby

□ 097 **normal** [nɔ́ːrməl]

형 평범한, 정상적인

평범한 아이

a __________ child

□ 098 **beautiful** [bjúːtəfəl]

형 아름다운

그녀는 아름답다.

She is __________.

Idioms

□ 099 **look like**

~처럼 보이다

It **looks like** a big snake. 교과서

그것은 큰 뱀처럼 보인다.

□ 100 **show up**

나타나다

He **showed up** late.

그는 늦게 나타났다.

Exercise

[1~10] 빈칸에 알맞은 단어를 넣어 어구를 완성하세요.

1	두 명의 젊은이	two ___________ men
2	키가 큰 소녀	a ___________ girl
3	아름다운 숙녀	a ___________ lady
4	사랑스러운 미소	a ___________ smile
5	평범한 사람들	___________ people
6	짧은 밧줄	a ___________ rope
7	내 마음을 바꾸다	___________ my mind
8	긴 하루	a ___________ day
9	예쁜 신발	___________ shoes
10	못생긴 인형들	___________ dolls

[11~15] 보기에서 알맞은 단어를 골라 문장을 완성하세요.

보기	handsome	curly	like	cute	thin

11 The puppy is so ___________. 강아지가 너무 귀엽다.

12 The actor is very ___________. 그 배우는 무척 잘생겼다.

13 The fashion model is very ___________. 그 패션모델은 아주 말랐다.

14 She has ___________ brown hair. 그녀는 갈색 곱슬머리이다.

15 The girl looks ___________ Susan's sister.
그 소녀는 Susan의 여동생처럼 보인다.

Day 06

Character 성격

Previous Check

□ kind	□ calm	□ active
□ funny	□ smart	□ brave
□ quiet	□ clever	□ curious
□ careful	□ wise	□ character
□ shy	□ honest	□ on time
□ stupid	□ polite	□ on one's own
□ lazy	□ friendly	

Character

□ 101 **kind**
□ [kaind]

형 친절한 명 종류, 유형

친절한 사람

a ______________ person

□ 102 **funny**
□ [fʌ́ni]

형 웃기는, 재미있는

재미있는 소년

a ______________ boy

□ 103 **quiet**
□ [kwáiət]

형 조용한

그녀의 조용한 목소리

her ______________ voice

□ 104 **careful**
□ [kέə*r*fəl]

형 주의 깊은, 조심하는 반 careless 부주의한

조심해!

Be ______________!

□ 105 **shy**
□ [ʃai]

형 수줍음[부끄럼]을 많이 타는

수줍음을 많이 타는 소녀

a ______________ girl

□ 106 **stupid** [stjúːpid]
□

형 어리석은, 멍청한 유 silly, foolish

어리석게 굴지 마라.

Don't be ______________.

□ 107 **lazy** [léizi]
□

형 게으른 반 diligent 성실한

그는 너무 게으르다.

He is so ______________.

Culture tip a couch potato

이 표현은 couch라고 부르는 긴 소파에 앉아 감자칩을 먹으며 주구장창 TV만 보는 게으른 사람을 가리키는 말이에요.

He watches TV all day. He is **a couch potato**.
(그는 하루 종일 TV만 봐. 그는 게을러.)

□ 108 **calm** [kɑːm]
□

형 차분한, 침착한

침착해라.

Stay ______________. 교과서

□ 109 **smart** [smɑːrt]
□

형 똑똑한, 영리한

그 아이는 똑똑하다.

The child is ______________.

□ 110 **clever** [klévər]
□

형 영리한, 똑똑한

영리한 아이

a ______________ child

□ 111 **wise** [waiz]
□

형 **지혜로운, 현명한**

그는 현명한 사람이다.

He is a ________________ man.

Voca tip smart vs. clever vs. wise

smart, clever, wise는 모두 '똑똑한, 영리한'의 의미를 나타내지만 풍기는 뉘앙스와 쓰이는 상황이 조금씩 달라요.

- smart: 학습 능력, 이해, 판단 등이 빠른
- clever: 학습 능력, 이해력에 있어서 똑똑한
  〈부정적 어감으로 쓰여〉 (어른이) 잘난 척하는[아는 체하는]
- wise: 오랜 경험을 통해 통찰력과 이해력이 좋은

□ 112 **honest** [ánist]
□

형 **정직한, 솔직한** 반 dishonest 부정직한

정직한 사람

an ________________ person

□ 113 **polite** [pəláit]
□

형 **예의 바른, 공손한** 반 rude 무례한

예의 바른 어린이

a ________________ child

□ 114 **friendly** [fréndli]
□

형 **친절한, 우호적인** 유 kind

나에게 우호적이다

be ________________ to me

□ 115 **active** [ǽktiv]
□

형 활동적인

나는 활동적이다.

I am ______________. 교과서

□ 116 **brave** [breiv]
□

형 용감한 유 bold

용감한 사나이

a ______________ man

□ 117 **curious** [kjú(:)əriəs]
□

형 호기심이 많은, 궁금해하는

호기심이 많은 십 대

a ______________ teenager 교과서

□ 118 **character** [kǽriktər]
□

명 성격, 기질; 특징; 등장인물

성격이 좋다

have a good ______________

Idioms

□ 119 **on time**
□

시간을 어기지 않고, 제시간에

He is always **on time**.

그는 항상 시간을 어기지 않는다.

□ 120 **on one's own**
□

혼자 힘으로

I can do it **on my own**.

나는 혼자 힘으로 그것을 할 수 있다.

Exercise

[1~10] 빈칸에 알맞은 단어를 넣어 어구를 완성하세요.

1 어리석은 남자 — a ________ man
2 주의 깊은 사람 — a ________ person
3 현명한 노인 — a ________ old man
4 사람들에게 예의 바르다 — be ________ to people
5 아주 정직한 소년 — a very ________ boy
6 나 혼자 힘으로 — ________ my own
7 조용한 소녀 — a ________ girl
8 호기심이 많은 아이 — a ________ kid
9 적극적인 학생 — an ________ student
10 용감한 군인 — a ________ soldier

[11~15] 보기에서 알맞은 단어를 골라 문장을 완성하세요.

보기	shy	character	lazy	friendly	clever

11 Don't be ________. 게으름 피우지 마라.
12 What a ________ boy! 정말 똑똑한 소년이구나!
13 My sister is very ________. 내 여동생은 수줍음을 많이 탄다.
14 My new neighbor is ________. 나의 새 이웃은 친절하다.
15 He is my favorite ________. 그는 내가 가장 좋아하는 등장인물이다.

Day 07 Jobs 직업

Previous Check

- □ job
- □ firefighter
- □ librarian
- □ pilot
- □ want
- □ police officer
- □ scientist
- □ worker
- □ become
- □ reporter
- □ farmer
- □ writer
- □ engineer
- □ work
- □ company
- □ director
- □ future
- □ experience
- □ be interested in
- □ come true

Day 07 Jobs

□ 121 **job**
□ [dʒɑb]

명 일, 직장, 직업

직장을 얻다

to get a ______

Voca tip job이 쓰인 다양한 표현

- a full-time job (정규직)
- a desk job (사무직)
- a job fair (취업 설명회)
- a part-time job (시간제 근무직)
- a side job (부업)
- a job interview (구직 면접)

□ 122 **firefighter**
□ [fáiərfàitər]

명 소방관

용감한 소방관

a brave ______

□ 123 **librarian**
□ [laibrɛ́(ː)əriən]

명 (도서관의) 사서

학교 사서

a school ______

□ 124 **pilot**
□ [páilət]

명 조종사, 비행사

항공기 조종사

an airline ______

□ □ 125 **want** [wɑnt]

동 원하다, ~하고 싶다

나는 사진작가가 되고 싶다.

I __________ to be a photographer. 교과서

□ □ 126 **police officer** [pəliːs ɔ́(ː)fisər]

명 경찰관

그는 경찰관이다.

He is a __________.

□ □ 127 **scientist** [sáiəntist]

명 과학자

위대한 과학자

a great __________

□ □ 128 **worker** [wə́ːrkər]

명 노동자, 근로자

공장 노동자

a factory __________

□ □ 129 **become** [bikʌ́m]

동 ~이 되다, ~해지다

우리는 세계 챔피언이 될 수 있다.

We can __________ world champions. 교과서

□ □ 130 **reporter** [ripɔ́ːrtər]

명 기자

스포츠 기자

a sports __________

□ 131 **farmer** [fá:rmər]
□

명 농부, 농장주

돼지 사육농

a pig ______________

□ 132 **writer** [ráitər]
□

명 작가 ㊤ author

그녀는 유명한 작가이다.

She is a famous ______________.

Voca tip 다양한 writer

- songwriter (작사가): 노래의 가사를 쓰는 작가
- ghost writer (유령 작가): 다른 사람을 대신해서 글을 써 주는 대필 작가
- screenwriter (시나리오 작가): 영화나 드라마의 극본을 쓰는 작가
- travel writer (여행 작가): 여행하는 동안 겪고 느낀 것을 쓰는 작가

□ 133 **engineer** [èndʒəníər]
□

명 기사, 기술자

컴퓨터 기사

a computer ______________

□ 134 **work** [wə:rk]
□

동 일하다, 근무하다

그는 교사로 일한다.

He ______________s as a teacher.

□ 135 **company** [kʌ́mpəni]

명 회사; 동료, 일행

큰 회사, 대기업

a big ______________

□ 136 **director** [diréktər]

명 감독, 연출자

영화감독

a movie ______________

□ 137 **future** [fjúːtʃər]

명 미래

미래에

in the ______________

□ 138 **experience** [ikspí(ː)əriəns]

명 경험 동 경험하다

경험을 통해 배우다

learn from ______________

Idioms

□ 139 **be interested in**

~에 관심이[흥미가] 있다

I **am interested in** dog training. 교과서

나는 개 훈련에 관심이 있다.

□ 140 **come true**

이루어지다, 실현되다

Sadly, my dream did not **come true**. 교과서

슬프게도 나의 꿈은 이루어지지 않았다.

Exercise

[1~10] 빈칸에 알맞은 단어를 넣어 어구를 완성하세요.

1 소방관으로 일하다 work as a __________

2 직장을 잃다 lose a __________

3 자동차 회사 a car __________

4 시간제로 일하다 __________ part-time

5 훌륭한 작가 a great __________

6 전투기 조종사 a fighter __________

7 새 휴대폰을 원하다 __________ a new cell phone

8 유명해지다 __________ famous

9 요리에 관심이 있다 be __________ in cooking

10 숙련된 일꾼 a skilled __________

[11~15] 보기에서 알맞은 단어를 골라 문장을 완성하세요.

보기	librarian	farmer	police officer	reporter	scientist

11 My uncle is a __________. 나의 삼촌은 과학자이다.

12 Andy wants to be a good __________. Andy는 훌륭한 기자가 되고 싶어 한다.

13 A __________ wears a uniform. 경찰관은 제복을 입는다.

14 __________s grow fruits and vegetables. 농부들은 과일과 채소를 재배한다.

15 My aunt works as a __________ at a middle school.
나의 숙모는 중학교에서 사서로 일하신다.

Day 08 Actions 행동

Previous Check

- □ play
- □ walk
- □ run
- □ kick
- □ jump
- □ throw
- □ use
- □ close
- □ cry
- □ act
- □ move
- □ shout
- □ carry
- □ drop
- □ try
- □ check
- □ bring
- □ laugh
- □ have[take] a seat
- □ get out of

Day 08

Actions

01 02 03 04 05 06 07 **08** 09 10 11 12 13 14 15 16 17 18 19 20

□ 141 **play**
□ [plei]

동 **놀다**

친구들과 놀다

__________ with friends

Voca tip **play의 다양한 의미**

play는 '놀다'의 의미 외에 '(악기를) 연주하다', '(운동을) 하다'의 의미로도 쓰여요.

- play + the + 악기 이름 : (악기를) 연주하다
  play the piano (피아노를 연주하다)
- play + 운동 이름 : (운동을) 하다
  play soccer (축구를 하다), play baseball (야구를 하다)

□ 142 **walk**
□ [wɔːk]

동 **걷다; 산책시키다** 명 **걷기**

몇몇 사람들이 줄 없이 자신들의 개를 산책시킨다.

Some people __________ their dogs without a leash. 교과서

□ 143 **run**
□ [rʌn]

동 **달리다, 뛰다 (ran-run)**

빨리 달리다

__________ fast

□ 144 **kick**
□ [kik]

동 **(발로) 차다**

공을 차다

__________ a ball

□ 145 **jump** [dʒʌmp]
□

동 뛰다, 도약하다

높이 뛰다

__________ high

□ 146 **throw** [θrou]
□

동 던지다 (threw-thrown)

공을 던지다

__________ a ball

□ 147 **use** [ju:z]
□

동 쓰다, 사용하다 명 사용

우리는 너무 많은 컵을 사용한다.

We __________ too many cups. 교과서

□ 148 **close** [klouz]
□

동 닫다 반 open 열다

문을 닫다

__________ the door 교과서

□ 149 **cry** [krai]
□

동 울다 유 weep

울지 마.

Don't __________.

□ 150 **act** [ækt]
□

동 연기하다; 행동하다

그는 햄릿을 연기한다.

He __________s Hamlet.

□ 151 **move** [muːv]

동 움직이다; 이사하다

나는 작년에 울산에서 여기로 이사했다.

I ________________d here from Ulsan last year. 교과서

□ 152 **shout** [ʃaut]

동 소리[고함]치다

크게 소리치다

________________ loudly

Voca tip

cry, yell, shout는 모두 소리 내어 외치는 것을 의미하지만 쓰이는 상황에서 약간의 차이가 있어요.

- cry: 보통 아프거나 슬플 때 (눈물을 흘리며)
- yell: 흥분하거나 화가 났을 때 또는 고통스러울 때
- shout: 화가 났을 때 또는 멀리 있는 사람이 들을 수 있도록 말할 때

□ 153 **carry** [kǽri]

동 나르다; 가지고 다니다

나는 무거운 물건들을 나를 수 있다.

I can ________________ heavy things. 교과서

□ 154 **drop** [drɑp]

동 떨어뜨리다

공을 떨어뜨리다

________________ a ball 교과서

□ 155 **try** [trai]

동 노력하다, 애를 쓰다; 시도하다

노력해 볼게.

I'll ________________.

□ 156 **check** [tʃek]

동 확인하다, 점검하다

너의 이메일을 확인하다

__________ your email

□ 157 **bring** [briŋ]

동 가져오다, 데려오다 유 take

그들은 샌드위치와 과일을 가져온다.

They __________ sandwiches and fruit. 교과서

□ 158 **laugh** [læf]

동 (소리 내어) 웃다

큰 소리로 웃다

__________ loudly

Idioms

□ 159 **have[take] a seat**

자리에 앉다

Please come in and **have a seat**.

들어와서 자리에 앉으세요.

□ 160 **get out of**

~에서 나가[오]다; ~에서 내리다

Get out of here!

여기에서 나가요!

Exercise

[1~10] 빈칸에 알맞은 단어를 넣어 어구를 완성하세요.

1 허들을 뛰어넘다 __________ over a hurdle

2 택시에서 내리다 __________ out of a taxi

3 천천히 걷다 __________ slowly

4 카메라를 가지고 다니다 __________ a camera

5 그네를 타며 놀다 __________ on the swings

6 창문들을 닫다 __________ the windows

7 연기를 잘하다 __________ well

8 열심히 노력하다 __________ hard

9 음식을 바닥에 떨어뜨리다 __________ food on the floor

10 서울로 이사하다 __________ to Seoul

[11~15] 보기에서 알맞은 단어를 골라 문장을 완성하세요.

보기	seat	bring	laugh	throw	use

11 __________ the ball to me. 그 공을 나에게 던져.

12 Please have a __________ there. 거기에 앉으세요.

13 I __________ my lunch box every day. 나는 매일 도시락을 가지고 온다.

14 She doesn't __________ plastic bags. 그녀는 비닐봉투를 사용하지 않는다.

15 Sean always makes me __________. Sean은 항상 나를 웃게 만든다.

Day
09 Feelings 감정

Previous Check

- □ sad
- □ happy
- □ afraid
- □ angry
- □ glad
- □ lonely
- □ serious
- □ nervous
- □ scared
- □ upset
- □ surprised
- □ bored
- □ pleased
- □ excited
- □ worry
- □ miss
- □ excuse
- □ complain
- □ be proud of
- □ would like to-v

Feelings

□ 161 **sad** [sæd]
□

형 슬픈

슬픈 영화

a ______________ movie

□ 162 **happy** [hǽpi]
□

형 행복한

이제 모두가 행복하다.

Now everybody is ______________. 교과서

Voca tip 행복한 기분을 나타내는 표현

- happy camper (만족감을 느끼는 사람)
  I am a very **happy camper**. (나는 매우 행복한 사람이야.)
- over the moon (매우 행복한)
  I am **over the moon**. (나는 정말 행복해.)
- on top of the world (세상을 다 가진 듯한)
  I feel **on top of the world**. (나는 기분이 너무 좋아.)

□ 163 **afraid** [əfréid]
□

형 무서워하는, 겁내는

개를 무서워하다

be ______________ of dogs

□ 164 **angry** [ǽŋgri]
□

형 화난, 성난

화난 얼굴

an ______________ face

□ 165 **glad** [glæd]
□

형 기쁜, 반가운

너를 만나서 반갑다.

______________ to meet you. 교과서

□ 166 **lonely**
□ [lóunli]

형 외로운, 쓸쓸한

선원들은 종종 외로웠다.

Sailors often felt ______________. 교과서

□ 167 **serious**
□ [sí(:)əriəs]

형 심각한, 진지한

나는 정말 진지하다.

I'm so ______________.

□ 168 **nervous**
□ [nə́ːrvəs]

형 불안해하는, 긴장한

불안해하지 마라.

Don't be ______________.

□ 169 **scared**
□ [skɛərd]

형 무서워하는, 겁먹은

나는 너무 무섭다.

I'm so ______________.

□ 170 **upset**
□ [ʌpsét]

형 속상한, 화난

속상해하다

be ______________

□ 171 **surprised**
□ [sərpráizd]

형 놀란, 놀라는

놀라다

be ______________

□ 172 **bored**
□ [bɔːrd]

형 지루해하는, 지루한

너는 지루해 보여.

You look ______________.

□ 173 **pleased**
□ [pliːzd]

형 기쁜, 만족해하는

너를 만나서 기쁘다.

I'm ______________ to meet you.

□ 174 **excited**
□ [iksáitid]

형 신이 난, 흥분한

신이 나다

be ______________

Voca tip 감정을 나타내는 숙어 표현

- be afraid[scared] of (~을 두려워하다)
- be surprised at (~에 놀라다)
- be bored with (~에 싫증이 나다)
- be pleased with (~에 기뻐하다)

175 **worry** [wə́:ri]

동 걱정하다

걱정하지 마.

Don't ______________.

176 **miss** [mis]

동 그리워하다; 놓치다

나는 네가 그리워.

I ______________ you.

177 **excuse** [ikskjú:s]

동 용서하다; 양해를 구하다 명 변명

늦어서 죄송합니다.

______________ me for being late.

178 **complain** [kəmpléin]

동 불평하다, 항의하다

나에게 불평하지 마라.

Don't ______________ to me.

Idioms

179 **be proud of**

~을 자랑스러워하다

Rabbit **was proud of** his speed. 교과서

토끼는 그의 빠름을 자랑스러워했다.

180 **would like to-v**

~하고 싶다

I **would like to drink** some tea.

나는 차를 좀 마시고 싶다.

Exercise

[1~10] 빈칸에 알맞은 단어를 넣어 어구를 완성하세요.

1 행복한 하루 a __________ day

2 나에게 화내다 be __________ with me

3 여행으로 들뜨다 be __________ about the trip

4 진지한 사람 a __________ person

5 외로움을 느끼다 feel __________

6 결승전을 놓치다 __________ the final

7 지나치게 걱정하다 __________ too much

8 슬픈 이야기 a __________ story

9 그 소식에 놀라다 be __________ at the news

10 음식에 대해 불평하다 __________ about the food

[11~15] 보기에서 알맞은 단어를 골라 문장을 완성하세요.

보기	proud	nervous	scared	upset	bored

11 I'm __________ to death. 나는 지루해 죽겠다.

12 Don't be __________. 속상해하지 마라.

13 She is __________ of spiders. 그녀는 거미를 무서워한다.

14 He is __________ of his son. 그는 아들을 자랑스러워한다.

15 I'm __________ about tomorrow's contest.
나는 내일 경연 대회 때문에 긴장이 된다.

Day 10

Thoughts 생각

Previous Check

- □ idea
- □ dream
- □ believe
- □ think
- □ know
- □ need
- □ hope
- □ wish
- □ decide
- □ guess
- □ forget
- □ remember
- □ wonder
- □ keep
- □ understand
- □ plan
- □ mind
- □ question
- □ feel like -ing
- □ give up

Thoughts

□ 181 **idea**
□ [aidí(:)ə]

명 **발상, 생각**

그거 좋은 생각이다.

That's a good ____________. 교과서

□ 182 **dream**
□ [dri:m]

명 **꿈** 동 **꿈을 꾸다**

좋은 꿈을 꾸다

have a sweet ____________

Voca tip 다양한 **dream**

- a lucky dream (길몽, 돼지꿈)
- a bad dream, a nightmare (흉몽, 악몽)
- a lucid dream (자각몽, 루시드 드림)
  : 자신이 꿈을 꾸고 있다는 것을 스스로 느끼면서 꾸는 꿈을 의미해요.
- a day dream (백일몽)
  : 대낮에 꾸는 꿈, 즉 실현될 수 없는 헛된 공상을 의미해요.

□ 183 **believe**
□ [bilí:v]

동 **믿다, 생각하다**

그 왕은 신의 말을 믿었다.

The king ____________d the god's words. 교과서

□ 184 **think**
□ [θiŋk]

동 **생각하다 (thought-thought)**

나는 그것이 이상하다고 생각한다.

I ____________ it's strange. 교과서

185 **know** [nou]

동 알다, 알고 있다 (knew-known)

답을 알다

__________ the answer

186 **need** [niːd]

동 필요로 하다

도움을 필요로 하다

__________ help

187 **hope** [houp]

동 바라다, 희망하다 명 희망

나는 네가 괜찮기를 바란다.

I __________ you're OK.

188 **wish** [wiʃ]

동 원하다, 바라다 명 소원

나는 키가 크길 원한다.

I __________ I was tall.

189 **decide** [disáid]

동 결정하다, 결심하다

가수가 되기로 결심하다

__________ to be a singer

190 **guess** [ges]

동 추측하다 명 추측

그녀의 나이를 추측하다

__________ her age

□ 191 **forget** [fərgét]

동 잊다, 잊어버리다 (forgot-forgotten)

나는 결코 태국에서의 시간을 잊지 않을 것이다.
I'll never ________________ my time in Thailand. 교과서

□ 192 **remember** [rimémbər]

동 기억하다

안전 수칙을 기억해라!
________________ the safety rule! 교과서

□ 193 **wonder** [wʌ́ndər]

동 궁금하다, 궁금해하다

"저 소녀는 누구지?"라며 그들은 궁금해했다.
"Who is that girl?" they ________________ed.

□ 194 **keep** [ki:p]

동 유지하다, 지키다 (kept-kept)

비밀을 지키다
________________ a secret

□ 195 **understand** [ʌ̀ndərstǽnd]

동 이해하다 (understood-understood)

나는 그것을 이해할 수 없어.
I can't ________________ it.

□ 196 **plan** [plæn]

명 계획 동 계획하다

계획을 세우다
make a ________________

□ 197 **mind**
□ [maind]

명 **마음, 정신**

내 마음을 바꾸다

change my ________________

Voca tip Out of sight, out of mind.

sight는 '시력, 시야'의 의미를 갖는 단어이고, out of는 '~을 떠나서, ~의 밖으로'라는 뜻을 가지고 있어요. 즉, Out of sight, out of mind.는 '시야에서 멀어지면, 마음도 멀어진다'는 의미가 되어, 자주 보지 못하면 사이가 멀어진다는 의미를 나타낸답니다.

□ 198 **question**
□ [kwéstʃən]

명 **질문, 문제** 반 answer 대답

질문을 하다

ask a ________________

Idioms

□ 199 **feel like -ing**
□

~하고 싶다

I **feel like staying** at home.

나는 집에 머무르고 싶다.

□ 200 **give up**
□

포기하다

We will never **give up**. 교과서

우리는 절대 포기하지 않을 것이다.

Exercise

[1~10] 빈칸에 알맞은 단어를 넣어 어구를 완성하세요.

1 그의 이름을 기억하다 __________ his name

2 믿거나 말거나 __________ it or not

3 무엇을 할지 결정하다 __________ what to do

4 그 질문에 답하다 answer the __________

5 특별한 계획 a special __________

6 나쁜 꿈을 꾸다 have a bad __________

7 평온한 마음 a peaceful __________

8 해결책을 알다 __________ the solution

9 외출하고 싶다 __________ like going out

10 침묵을 지키다 __________ quiet

[11~15] 보기에서 알맞은 단어를 골라 문장을 완성하세요.

보기	idea	think	understand	hope	forget

11 I __________ our team will win. 내 생각에 우리 팀이 이길 것 같다.

12 I don't __________ the book. 나는 그 책을 이해하지 못하겠다.

13 Don't __________ my phone number. 내 전화번호 잊지 마.

14 I have a better __________. 내게 더 좋은 생각이 있다.

15 I __________ to meet you soon. 나는 곧 너를 만나길 바라.

Day 11

Communication

의사소통

Previous Check

- □ talk
- □ speak
- □ call
- □ tell
- □ say
- □ ask
- □ answer
- □ show
- □ express
- □ message
- □ mean
- □ discuss
- □ explain
- □ problem
- □ agree
- □ allow
- □ accept
- □ promise
- □ find out
- □ say hello to

Communication

□ 201 **talk** [tɔːk]
□

통 말하다, 이야기하다

우리는 축구에 대해 많이 이야기한다.

We ______________ about soccer a lot. 교과서

□ 202 **speak** [spiːk]
□

통 말하다, 이야기하다 (spoke-spoken)

영어를 말하다

______________ English

Voca tip talk vs. speak

talk와 speak는 쓰이는 상황에서 미묘한 차이가 있어요. talk는 일상적인 상황에서 서로 이야기를 나눌 때 주로 쓰이고, speak는 talk보다 좀 더 격식 있고 공식적인 상황에서 발표나 연설을 할 때 또는 누구에게 무엇을 하라고 말할 때 주로 쓰인답니다.

• She **talks** with her friend on the phone.
(그녀는 친구와 전화로 이야기한다.)

• He **speaks** in front of many people.
(그는 많은 사람 앞에서 연설을 한다.)

□ 203 **call** [kɔːl]
□

통 부르다; 전화하다

내 이름을 부르다

______________ my name

□ 204 **tell** [tel]
□

통 알리다, 말하다 (told-told)

이야기를 하다

______________ a story

□ 205 **say** [sei]
□

통 말하다 (said-said)

안녕이라고 말하다

_______________ goodbye

□ 206 **ask** [æsk]
□

통 묻다, 질문하다

나는 그에게 그 드라마에 대해서 물었다.

I _______________ ed him about the drama. 교과서

□ 207 **answer** [ǽnsər]
□

통 (대)답하다 명 대답; 해답

그 질문에 답하다

_______________ the question

□ 208 **show** [ʃou]
□

통 보여 주다, 드러내다 명 쇼, 공연

그녀의 감정을 드러내다

_______________ her feelings

□ 209 **express** [iksprés]
□

통 나타내다, 표현하다

너는 얼마나 자주 가족에게 사랑을 표현하니?

How often do you _______________ love to your family? 교과서

□ 210 **message** [mésidʒ]
□

명 메시지, 전갈

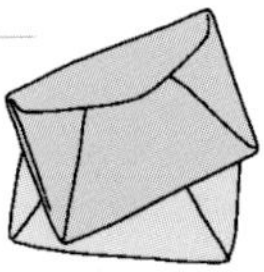

그 보고서는 분명한 메시지가 있다.

The report has a clear _______________. 교과서

□ 211 **mean** [mi:n]
□

동 의미하다 (meant-meant)

이러한 이름들은 동물을 의미한다.

These names ______________ animals. 교과서

□ 212 **discuss** [diskʌ́s]
□

동 상의하다, 논의하다

그 주제에 대해 논의하다

______________ the topic

□ 213 **explain** [ikspléin]
□

동 설명하다

규칙들을 설명하다

______________ the rules

□ 214 **problem** [prábləm]
□

명 문제, 어려움

그것은 큰 문제다.

It's a big ______________. 교과서

□ 215 **agree** [əgrí:]
□

동 동의하다, 찬성하다 반 disagree 동의하지 않다

나는 네 말에 동의해.

I ______________ with you. 교과서

Voca tip dis-

접두사 dis-는 단어 앞에 붙어서 그 단어의 '반대'의 의미를 갖게 해 주어요.

- dis- + agree (동의하다) = disagree (동의하지 않다)
- dis- + like (좋아하다) = dislike (싫어하다)
- dis- + order (순서, 질서) = disorder (무질서, 혼란)
- dis- + honor (명예) = dishonor (불명예)

216 **allow** [əláu]

동 허락하다, 허용하다

내가 가는 것을 허락하다

__________ me to go

217 **accept** [əksépt]

동 받아들이다, 수락하다

너의 생각을 받아들이다

__________ your idea

218 **promise** [prámis]

동 약속하다 명 약속

내가 약속할게.

I __________.

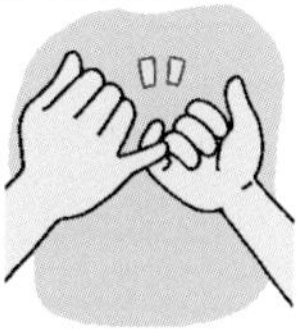

Idioms

219 **find out**

알아내다, 발견하다

Do you want to **find out** new things? 교과서

너는 새로운 것을 발견하길 원하니?

220 **say hello to**

~에게 안부를 전하다, ~에게 인사하다

Say hello to your mother.

너의 어머니께 안부를 전해 줘.

Exercise

[1~10] 빈칸에 알맞은 단어를 넣어 어구를 완성하세요.

1 질문을 하다 ________ a question

2 한국어로 말하다 ________ in Korean

3 전화로 수다 떨다 ________ on the phone

4 감사를 표현하다 ________ gratitude

5 너의 계획에 동의하다 ________ to your plan

6 그 소식을 나에게 말하다 ________ me the news

7 전화를 받다 ________ the phone

8 급한 전갈 an urgent ________

9 나에게 다른 것을 보여 주다 ________ me another

10 그 문제를 논의하다 ________ the matter

[11~15] 보기에서 알맞은 단어를 골라 문장을 완성하세요.

보기	explain	accept	allow	call	promise

11 I'll ________ you back in 10 minutes. 10분 후에 내가 너에게 전화할게.

12 Just ________ me one thing. 나에게 한 가지만 약속해.

13 Please ________ me to go camping. 캠핑 가는 것을 허락해 주세요.

14 The teacher ________ed it easily. 선생님은 그것을 쉽게 설명해 주셨다.

15 I can't ________ it. 나는 그것을 수락할 수 없다.

Day 12

Senses 감각

Previous Check

- □ hear
- □ listen
- □ see
- □ watch
- □ look
- □ voice
- □ feel
- □ smell
- □ sound
- □ taste
- □ loud
- □ touch
- □ soft
- □ hard
- □ sweet
- □ sharp
- □ same
- □ color
- □ be good at
- □ make a noise

Day 12

Senses

□ □ 221 **hear** [hiər]

동 듣다, 들리다 (heard-heard)

그 소식을 듣다

________ the news

□ □ 222 **listen** [lísn]

동 듣다, 귀 기울이다

나는 한국 가요를 종종 듣는다.

I often ________ to K-pop. 교과서

□ □ 223 **see** [siː]

동 보다 (saw-seen)

우리는 바다를 볼 수 있었다.

We could ________ the sea. 교과서

□ □ 224 **watch** [wɑtʃ]

동 보다, 지켜보다

TV를 보다

________ TV

□ □ 225 **look** [luk]

동 ~해 보이다, 보다

행복해 보이다

________ happy

□ □ 226 **voice** [vɔis]

명 목소리, 음성

그는 좋은 목소리를 갖고 있다.

He has a fine ________.

□ 227 **feel** [fiːl]
□

동 느끼다, ~한 기분이 들다 (felt-felt)

춥게 느끼다

______________ cold

□ 228 **smell** [smel]
□

동 냄새[향기]가 나다 명 냄새

꽃들에게서 좋은 냄새가 난다.

The flowers ______________ good.

□ 229 **sound** [saund]
□

동 ~하게 들리다 명 소리

그것은 재미있게 들린다.

That ______________s fun. 교과서

□ 230 **taste** [teist]
□

동 맛이 나다 명 맛

단 맛이 나다

______________ sweet

Voca tip 감각동사 + 형용사

look, feel, smell, taste, sound를 감각동사라고 해요. 우리말로는 '~하게[해] 보이다/느끼다/냄새가 나다/맛이 나다/들리다' 등의 의미로 자칫 감각동사 뒤에 부사가 와야 한다고 생각하기 쉽지만 감각동사는 반드시 형용사와 짝꿍이 되어야 해요.

You look **happy**(형용사). (너는 행복해 보여.) (○) / You look **happily**(부사). (×)

□ 231 **loud**
□ [laud]

형 (소리가) **큰, 시끄러운** 반 quiet 조용한

큰 목소리로

in a ______________ voice

□ 232 **touch**
□ [tʌtʃ]

동 **만지다**

너는 그림을 만져서는 안 된다.

You must not ______________ the paintings. 교과서

□ 233 **soft**
□ [sɔ(:)ft]

형 **부드러운, 푹신한**

모래는 매우 부드러웠다.

The sand was very ______________. 교과서

□ 234 **hard**
□ [hɑːrd]

형 **단단한, 딱딱한; 어려운** 부 **열심히**

딱딱한 의자

a ______________ chair

Culture tip 단단한 막대 아이스크림이 '하드'?

무더운 여름에 즐겨먹는 단단한 막대 아이스크림을 우리는 '하드'라고 부르기도 하는데요, 아마도 아이스크림이 '단단해서' 이런 이름을 갖게 되었겠죠? 하지만 '하드'는 콩글리시예요. 영어에서는 단단한 막대 아이스크림을 popsicle이라고 표현해요. popsicle은 주로 미국에서 쓰는 표현이고, 영국에서는 ice lolly라는 표현을 쓴다고 해요.

□ 235 **sweet** [swiːt]
□

형 달콤한, 단

달콤한 초콜릿

_______________ chocolate

□ 236 **sharp** [ʃɑːrp]
□

형 날카로운, 뾰족한

날카로운 칼

a _______________ knife

□ 237 **same** [seim]
□

형 같은, 동일한 반 different 다른

모두 같은 크기이다

be all the _______________ size

□ 238 **color** [kʌ́lər]
□

명 색, 색깔

파란색은 우리가 가장 좋아하는 색이다.

Blue is our favorite _______________. 교과서

Idioms

□ 239 **be good at**
□

~을 잘하다

I'**m good at** soccer. 교과서

나는 축구를 잘한다.

□ 240 **make a noise**
□

시끄럽게 하다, 소란을 피우다

Don't **make a noise** in the library.

도서관에서 시끄럽게 하지 마세요.

Exercise

[1~10] 빈칸에 알맞은 단어를 넣어 어구를 완성하세요.

1 슬퍼 보이다 __________ sad

2 불안감을 느끼다 __________ nervous

3 낮은 목소리로 in a low __________

4 날카로운 이빨 __________ teeth

5 달콤한 말, 감언이설 __________ talk

6 음악을 듣다 __________ to music

7 경주를 보다 __________ the race

8 그를 다시 보다 __________ him again

9 소문을 듣다 __________ a rumor

10 꽃향기를 맡다 __________ the flowers

[11~15] 보기에서 알맞은 단어를 골라 문장을 완성하세요.

보기	loud	color	hard	taste	sound

11 This food __________s good. 이 음식은 맛이 좋다.

12 I know this __________s strange. 이것이 이상하게 들릴 거라는 것을 알아요.

13 What's your favorite __________? 네가 좋아하는 색깔은 뭐니?

14 A walnut has a __________ shell. 호두는 단단한 껍질을 가지고 있다.

15 A vuvuzela makes a __________ sound. 부부젤라는 큰 소리를 낸다.

Day 13 Places 장소

Previous Check

- □ visit
- □ zoo
- □ bank
- □ park
- □ airport
- □ place
- □ town
- □ village
- □ city
- □ bookstore
- □ market
- □ square
- □ theater
- □ bakery
- □ space
- □ station
- □ museum
- □ gallery
- □ line up
- □ stop by

Places

□ 241 **visit** [vízit]

동 **방문하다**

하와이를 방문하다

______________ Hawaii

□ 242 **zoo** [zuː]

명 **동물원**

동물원에 가다

go to a ______________

□ 243 **bank** [bæŋk]

명 **은행**

은행에서 일하다

work at a ______________

□ 244 **park** [pɑːrk]

명 **공원**

국립 공원

a national ______________

□ 245 **airport** [ɛ́ərpɔ̀ːrt]

명 **공항**

공항에(서)

at the ______________

□ 246 **place** [pleis]

명 **장소**

안전한 장소

a safe ______________

□ 247 **town** [taun]

명 (소)도시, 마을

신도시를 건설하다

build a new ______

□ 248 **village** [vílidʒ]

명 마을, 부락

산골 마을

a mountain ______

□ 249 **city** [síti]

명 도시

베니스는 아름다운 도시이다.

Venice is a beautiful ______.

Voca tip town vs. village vs. city

town은 village보다는 크고 city보다는 작은 도시를 의미해요.
village는 주로 시골의 작은 도시나 소읍을 나타내지요.
서울, 뉴욕, 자카르타, 도쿄처럼 인구가 1,000만 명이 넘는 대도시는 megacity라고 부른답니다.

□ 250 **bookstore** [búkstɔ̀ːr]

명 서점 유 bookshop

온라인 서점

an online ______

☐ 251 **market** [mɑ́ːrkit]

명 시장 ㊒ mart

꽃시장

a flower ____________

☐ 252 **square** [skwɛər]

명 광장; 정사각형

도시의 주 광장

the city's main ____________

☐ 253 **theater** [θí(ː)ətər]

명 극장

영화관

a movie ____________

☐ 254 **bakery** [béikəri]

명 빵집, 제과점

달콤한 냄새가 그 빵집에서 나온다.

A sweet smell comes from the ____________. 교과서

☐ 255 **space** [speis]

명 공간; 우주

커다란 텅 빈 공간

a large empty ____________ 교과서

□ 256 **station** [stéiʃən]
□

명 역, 정류장 ㊌ stop

지하철역

a subway ______________ 교과서

Voca tip station이 쓰인 다양한 장소

- a police station (경찰서)
- a gas station (주유소)
- a TV station (TV 방송국)
- a power station (발전소)
- a subway station (지하철역)
- a fire station (소방서)
- a radio station (라디오 방송국)
- a weather station (기상 관측소)

□ 257 **museum** [mju(ː)zí(ː)əm]
□

명 **박물관, 미술관**

과학 박물관

a science ______________

□ 258 **gallery** [gǽləri]
□

명 **미술관, 화랑**

그 미술관에 지금 세 개의 미술 전시회가 있다.

There are three art shows at the ______________ now. 교과서

Idioms

□ 259 **line up**
□

줄을 서다

Visitors **line up** for hours to eat here.

방문객들은 이곳에서 먹기 위해 수 시간씩 줄을 선다.

□ 260 **stop by**
□

~에 잠시 들르다

He will **stop by** interesting shops in New York. 교과서

그는 뉴욕에 있는 흥미로운 가게들에 들를 것이다.

Exercise

[1~10] 빈칸에 알맞은 단어를 넣어 어구를 완성하세요.

1 가게에 들르다 ________ by the store

2 공항으로 가는 길 the way to the ________

3 노천 시장 an outdoor ________

4 지하철역 the subway ________

5 같은 장소에서 in the same ________

6 워싱턴 광장 Washington ________

7 은행 계좌 a ________ account

8 그 나라를 방문하다 ________ the country

9 우주 모험 a ________ adventure

10 동네 서점 a local ________

[11~15] 보기에서 알맞은 단어를 골라 문장을 완성하세요.

보기	village	museum	line	city	theater

11 Please be quiet in the ________. 박물관에서는 조용히 해 주세요.

12 Rome is a beautiful ________. 로마는 아름다운 도시이다.

13 Let's go to the ________. 극장에 가자.

14 We live in a small ________. 우리는 작은 마을에 산다.

15 People ________ up to buy tickets. 사람들이 표를 사려고 줄을 선다.

Day 14

At Home 집

Previous Check

- □ wall
- □ garden
- □ bathroom
- □ stair
- □ wash
- □ gate
- □ umbrella
- □ roof
- □ kitchen
- □ refrigerator
- □ floor
- □ living room
- □ bedroom
- □ address
- □ stay
- □ garbage
- □ housework
- □ comfortable
- □ turn off
- □ go to bed

At Home

□ 261 **wall**
□ [wɔːl]

명 담, 벽

높은 담

a high ________ 교과서

□ 262 **garden**
□ [gɑ́ːrdən]

명 정원, 뜰

장미 정원

a rose ________

□ 263 **bathroom**
□ [bǽθrù(ː)m]

명 욕실, 화장실

화장실은 어디인가요?

Where is the ________?

Culture tip toilet vs. bathroom

영국 영어에서는 화장실이 갖추어진 공간을 보통 toilet이라고 해요. 하지만 미국 영어에서는 화장실이 갖추어진 공간을 bathroom이라고 하고, toilet이라고는 하지 않아요. 공공장소에 있는 화장실은 restroom, women's room, men's room 등으로 말하고, 캐나다에서는 washroom이라고 표현하기도 해요.

□ 264 **stair**
□ [stɛər]

명 계단

계단을 내려가다

go down the ________s

□ 265 **wash** [wɑʃ]

동 씻다, 빨래하다

밥 먹기 전에 손을 씻어라.

__________ your hands before meals.

□ 266 **gate** [geit]

명 문, 출입구 ㊌ door

정문

the front __________

□ 267 **umbrella** [ʌmbrélə]

명 우산

우산을 쓰다

use an __________

□ 268 **roof** [ru(:)f]

명 지붕

지붕을 수리하다

fix the __________

□ 269 **kitchen** [kítʃən]

명 부엌, 주방

부엌에서 요리하다

cook in the __________

□ 270 **refrigerator** [rifrídʒərèitər]

명 냉장고 ㊌ fridge

냉장고에 음식을 보관하다

keep food in the __________ 교과서

□ 271 **floor** [flɔːr]
□

명 바닥, 층

그것은 2층에 있다.

It's on the second ________________. 교과서

Culture tip first floor vs. ground floor

1층은 미국 영어에서는 first floor로 표현해요. 말 그대로 '첫 번째 층'을 의미해요. 하지만 영국 영어에서는 1층을 ground floor라고 표현하고, 그 다음 층부터 first floor로 나타낸다고 해요. 즉, 영국에서는 first floor가 1층이 아닌 2층을 의미한답니다.

□ 272 **living room** [líviŋ rù(:)m]
□

명 거실

거실에서

in the ________________

□ 273 **bedroom** [bédrù(:)m]
□

명 침실

아늑한 침실

a cozy ________________

□ 274 **address** [ədrés]
□

명 주소

이메일 주소

an email ________________

□ 275 **stay** [stei]
□

동 머무르다

집에 머무르다

________________ at home

□ 276 **garbage** [gɑ́ːrbidʒ]

명 쓰레기 유 trash

나의 남편이 쓰레기를 내다 버린다.

My husband takes out the ______________. 교과서

□ 277 **housework** [háuswə̀ːrk]

명 가사, 집안일

집안일을 하다

do the ______________

□ 278 **comfortable** [kʌ́mfərtəbl]

형 편안한, 쾌적한

편안하게 느끼다

feel ______________

Idioms

□ 279 **turn off**

~을 끄다 반 turn on ~을 켜다

Turn off the computer. 교과서

컴퓨터를 꺼라.

□ 280 **go to bed**

잠자리에 들다

I usually **go to bed** early.

나는 보통 일찍 잠자리에 든다.

Exercise

[1~10] 빈칸에 알맞은 단어를 넣어 어구를 완성하세요.

1 출입구에 at the ___________

2 우산을 빌리다 borrow an ___________

3 2층에 on the second ___________

4 빨간 지붕이 있는 집 the house with a red ___________

5 계단을 오르다 go up the ___________s

6 담을 페인트칠하다 paint a ___________

7 그 도시에 머무르다 ___________ in the city

8 늦게 잠자리에 들다 go to ___________ late

9 전등을 끄다 ___________ off the light

10 쓰레기를 분리하다 separate the ___________

[11~15] 보기에서 알맞은 단어를 골라 문장을 완성하세요.

보기	garden	address	bedroom	housework	comfortable

11 He doesn't do any ___________. 그는 집안일을 전혀 하지 않는다.

12 There are two ___________s in the house. 그 집에는 침실이 두 개 있다.

13 What's your name and ___________? 이름과 주소가 어떻게 되세요?

14 This sofa is very ___________. 이 소파는 아주 편안하다.

15 Grandma is working in the ___________. 할머니는 정원에서 일하고 계신다.

Day 15

Food & Cooking

음식과 요리

Previous Check

- □ salt
- □ sugar
- □ meat
- □ snack
- □ fresh
- □ sauce
- □ rice
- □ bottle
- □ heat
- □ bake
- □ meal
- □ cook
- □ mix
- □ pour
- □ melt
- □ delicious
- □ freeze
- □ recipe
- □ such as
- □ do the dishes

Day 15

Food & Cooking

□ 281 **salt** [sɔːlt]
□

명 소금

바다 소금, 천일염

sea ________________

□ 282 **sugar** [ʃúgər]
□

명 설탕

황설탕

brown ________________

□ 283 **meat** [miːt]
□

명 고기

고기 한 조각

a piece of ________________

□ 284 **snack** [snæk]
□

명 간단한 식사, 간식

간식을 먹다

have a ________________

□ 285 **fresh** [freʃ]
□

형 신선한, 상쾌한

신선한 과일

________________ fruits

□ 286 **sauce** [sɔːs]
□

명 소스, 양념 유 dressing

토마토소스

tomato ________________ 교과서

287 **rice** [rais]

명 쌀, 밥

밥 한 공기

a bowl of ________

Voca tip rice가 쓰인 다양한 표현

- brown rice (현미)
- new rice (햅쌀)
- rice cake (떡)
- fried rice (볶음밥)
- white rice (백미)
- rice cooker (밥솥)
- rice cracker (쌀과자)
- curry and rice (카레라이스)

288 **bottle** [bátl]

명 병

유리병

a glass ________

289 **heat** [hiːt]

동 가열하다 명 열기

냄비를 가열하다

________ a pot 교과서

290 **bake** [beik]

동 굽다

케이크를 굽다

________ a cake

☐ 291 **meal** [miːl]
☐

명 식사, 끼니

식사 맛있게 하세요.

Enjoy your ______________.

☐ 292 **cook** [kuk]
☐

동 요리하다 명 요리사

생선을 요리하다

______________ fish

☐ 293 **mix** [miks]
☐

동 섞다, 혼합하다 ㊐ blend

우유와 달걀을 섞어라.

______________ milk and eggs.

☐ 294 **pour** [pɔː*r*]
☐

동 붓다, 따르다

물을 따르다

______________ water

☐ 295 **melt** [melt]
☐

동 녹다, 녹이다

팬에 버터를 천천히 녹여라.

______________ the butter slowly in a pan.

□ 296 **delicious** [dilíʃəs]

형 아주 맛있는 유 tasty

이 음식은 아주 맛있다.

This food is ______________.

□ 297 **freeze** [friːz]

동 얼다, 얼리다

요거트를 얼리다

______________ yogurt

□ 298 **recipe** [résəpì]

명 요리법, 레시피

매우 간단한 요리법

a very simple ______________ 교과서

Voca tip 음식이 들어간 표현

- a piece of cake (케이크 한 조각): 어떤 일이 굉장히 쉽거나 수월할 때
  It's **a piece of cake**. (그거야 식은 죽 먹기지.)
- tough cookie (강한[단단한] 쿠키): 자신만만한 사람, 다루기 힘든 사람
  She is **a tough cookie**. (그녀는 만만치 않은 사람이야.)

Idioms

□ 299 **such as**

~와 같은

There are different toppings **such as** chocolate and cheese. 교과서

초콜릿과 치즈와 같은 여러 가지 토핑들이 있다.

□ 300 **do the dishes**

설거지를 하다

Can you please **do the dishes**? 교과서

설거지를 해 줄 수 있나요?

Exercise

[1~10] 빈칸에 알맞은 단어를 넣어 어구를 완성하세요.

1	소금과 후추	____________ and pepper
2	설탕 한 스푼	a spoonful of ____________
3	오븐을 가열하다	__________ the oven
4	하루에 세 끼를 먹다	eat three ____________s a day
5	신선한 공기	____________ air
6	볶음밥	fried ____________
7	물 두 병	two ____________s of water
8	나의 요리 비법	my secret ____________
9	부드러운 고기	tender ____________
10	잘 섞다	__________ well

[11~15] 보기에서 알맞은 단어를 골라 문장을 완성하세요.

보기	snack	freeze	sauce	delicious	dish

11 Bring the barbecue ____________. 바비큐 소스를 가져와라.

12 The pizza is ____________. 피자가 맛있다.

13 Don't eat ____________s late at night. 늦은 밤에 간식을 먹지 마세요.

14 Water ____________s at 0°C. 물은 섭씨 0도에서 언다.

15 I do the ____________es with my brother.
나는 내 남동생과 함께 설거지를 한다.

Day 16

Restaurants 음식점

Previous Check

- ☐ eat
- ☐ drink
- ☐ knife
- ☐ cup
- ☐ dish
- ☐ juice
- ☐ soup
- ☐ salad
- ☐ seafood
- ☐ menu
- ☐ hungry
- ☐ thirsty
- ☐ open
- ☐ order
- ☐ chef
- ☐ serve
- ☐ dessert
- ☐ restaurant
- ☐ eat out
- ☐ wait for

Day 16 Restaurants

01 02 03 04 05 06 07 08 09 10 11 12 13 14 15 16 17 18 19 20

□ 301 **eat** [iːt]
□

동 먹다 (ate-eaten) 유 have

너는 햄버거를 너무 자주 먹는다.

You ______________ hamburgers too often. 교과서

□ 302 **drink** [driŋk]
□

동 마시다 (drank-drunk)

물을 마시다

______________ water

□ 303 **knife** [naif]
□

명 칼

빵칼

a bread ______________

□ 304 **cup** [kʌp]
□

명 컵, 잔

커피 한 잔

a ______________ of coffee

□ 305 **dish** [diʃ]
□

명 접시; 요리

한국 음식을 만들다

cook Korean ______________es 교과서

Culture tip side dish

side dish는 주요리(main dish)에 곁들여 먹는 요리를 의미해요. 피자를 먹을 때 피자는 main dish가 되고, 피자와 함께 곁들여 먹을 수 있는 감자튀김이나 샐러드는 side dish가 되는 거지요. 우리나라 식문화에서 밥에 곁들여 먹는 반찬을 영어로 side dish라고 표현해요.

□ 306 **juice**
□ [dʒuːs]

명 주스, 즙

레몬주스를 마시다

drink lemon ______________

□ 307 **soup**
□ [suːp]

명 수프, 국

차가운 야채수프

a cold vegetable ______________ 교과서

□ 308 **salad**
□ [sǽləd]

명 샐러드

과일 샐러드

fruit ______________

□ 309 **seafood**
□ [síːfùːd]

명 해산물

파에야는 해산물과 현미로 만들어 진다.

Paella is made of ______________ and brown rice. 교과서

□ 310 **menu**
□ [ménjuː]

명 메뉴, 식단표

어린이 메뉴

a ______________ for children

□□ 311 **hungry** [hʌ́ŋgri]

형 배고픈 반 full 배부른

나는 배가 고프다

I'm ______________.

□□ 312 **thirsty** [θə́:rsti]

형 목이 마른

목이 마르다

be ______________

□□ 313 **open** [óupən]

동 열다 형 열린 반 closed 닫힌

그 식당은 9시부터 5시까지 열려 있다.

The restaurant is ______________ from 9 to 5. 교과서

□□ 314 **order** [ɔ́:rdər]

동 주문하다

피자를 주문하다

______________ a pizza

□□ 315 **chef** [ʃef]

명 요리사, 주방장 유 cook

유명한 요리사

a famous ______________

Voca tip chef vs. cook

chef와 cook은 모두 '요리하는 사람'을 의미하지만 가리키는 대상에 차이가 있어요. chef는 호텔 주방 등의 '전문 요리사'를 의미하고, cook은 집, 식당 등에서 먹을 음식을 준비하는 '요리를 하는 사람'을 의미해요.
즉, 항상 맛있는 음식을 만들어 주시는 엄마는 우리집 cook,
이탈리아 레스토랑을 운영하는 삼촌은 chef라고 할 수 있어요.

□ 316 **serve**
□ [səːrv]

동 (음식을) 제공하다, 차려 내다

식사를 제공하다

__________ a meal

□ 317 **dessert**
□ [dizə́ːrt]

명 디저트, 후식

디저트는 뭐예요?

What's for __________?

□ 318 **restaurant**
□ [réstərənt]

명 식당, 레스토랑

해산물 요리 식당

a seafood __________

Idioms

□ 319 **eat out**
□

외식하다

We **eat out** once a week.

우리는 일주일에 한 번 외식한다.

□ 320 **wait for**
□

~을 기다리다

The customers are **waiting for** their food.

손님들이 자신들의 음식을 기다리고 있다.

Exercise

[1~10] 빈칸에 알맞은 단어를 넣어 어구를 완성하세요.

1	해산물 시장	a __________ market
2	저녁을 먹다	__________ dinner
3	음식을 주문하다	__________ some food
4	버섯수프	a mushroom __________
5	접시에 음식을 담다	put food on a __________
6	친구들을 기다리다	__________ for friends
7	유명한 식당	a famous __________
8	점심 메뉴	a lunch __________
9	사과주스	apple __________
10	치킨샐러드	a chicken __________

[11~15] 보기에서 알맞은 단어를 골라 문장을 완성하세요.

보기	dessert	out	serve	hungry	chef

11 They __________ delicious food. 그들은 아주 맛있는 음식을 제공한다.

12 My father is a master __________. 나의 아버지는 일류 요리사이다.

13 I ate ice cream for __________. 나는 후식으로 아이스크림을 먹었다.

14 They often eat __________ on weekends. 그들은 주말에 자주 외식을 한다.

15 We are __________ after P.E. 우리는 체육 시간 후에 배가 고프다.

Day 17

Clothes 의복

Previous Check

- ☐ pants
- ☐ belt
- ☐ shirt
- ☐ skirt
- ☐ socks
- ☐ shoes
- ☐ hat
- ☐ cap
- ☐ sweater
- ☐ jacket
- ☐ gloves
- ☐ pocket
- ☐ clothes
- ☐ wear
- ☐ fashion
- ☐ design
- ☐ popular
- ☐ style
- ☐ put on
- ☐ take off

Day 17

Clothes

□ 321 **pants** [pænts]
□

명 바지

바지 한 벌

a pair of ________________

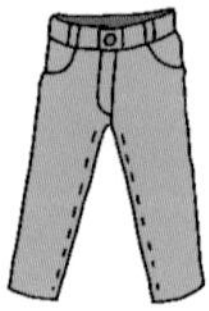

□ 322 **belt** [belt]
□

명 벨트, 허리띠

검은색 벨트

a black ________________

Voca tip belt가 쓰인 다양한 표현

- life belt (구명대): 물에 빠진 사람을 구조할 때 쓰는 튜브
- seat belt (좌석 벨트): 자동차, 비행기 등의 좌석에 부착된 안전띠
- money belt (전대): 돈을 넣는 주머니가 달린 벨트
- green belt (그린벨트): 자연환경을 보호하기 위해 도시 개발을 제한하는 개발 제한 구역

□ 323 **shirt** [ʃəːrt]
□

명 셔츠

멋진 셔츠

a nice ________________

□ 324 **skirt** [skəːrt]
□

명 치마

짧은 치마

a short ________________

□ 325 **socks** [sɑːks]
□

명 양말

따뜻한 양말

warm ______ 교과서

□ 326 **shoes** [ʃuːz]
□

명 신발

운동화

running ______

□ 327 **hat** [hæt]
□

명 (테가 있는) **모자**

밀짚모자

a straw ______

□ 328 **cap** [kæp]
□

명 (앞에 챙이 달린) **모자**

야구 모자

a baseball ______ 교과서

□ 329 **sweater** [swétər]
□

명 스웨터

양털 스웨터

a wool ______

□ 330 **jacket** [dʒǽkit]
□

명 재킷, 상의

가죽 재킷

a leather ______

331 **gloves** [glʌvz]

명 장갑

고무장갑

rubber ____________

332 **pocket** [pákit]

명 주머니

재킷 주머니

a jacket ____________

333 **clothes** [klouðz]

명 옷, 의복 ㊞ clothing

평상복

casual ____________

334 **wear** [wɛər]

동 입다, 쓰다, 신다 (wore-worn)

나는 청바지를 자주 입는다.

I often ____________ blue jeans.

Voca tip wear의 다양한 의미

wear는 옷을 입는 것뿐만 아니라 모자를 쓰고, 반지를 끼고, 향수를 뿌리고, 양말을 신고, 장갑을 끼고, 스카프를 매고, 시계를 차고, 안경을 쓰는 등 몸에 착용하는 것에 모두 사용할 수 있는 동사예요.

- wear a hat (모자를 쓰다)
- wear perfume (향수를 뿌리다)
- wear a scarf (스카프를 매다)
- wear glasses (안경을 쓰다)
- wear a ring (반지를 끼다)
- wear gloves (장갑을 끼다)
- wear a watch (시계를 차다)
- wear a wig (가발을 쓰다)

□ 335 **fashion** [fǽʃən]
□

명 패션

패션 디자이너

a ______________ designer

□ 336 **design** [dizáin]
□

동 디자인[설계]하다 명 디자인, 설계

옷을 디자인하다

______________ clothes

□ 337 **popular** [pápjələr]
□

형 인기 있는, 대중적인

인기를 얻다

become ______________

□ 338 **style** [stail]
□

명 스타일; 방식

새로운 스타일의 코트

a new ______________ of coat

Idioms

□ 339 **put on**
□

~을 입다[신다, 쓰다]

I **put on** my school uniform. 교과서

나는 교복을 입는다.

□ 340 **take off**
□

~을 벗다; (비행기가) 이륙하다

We **took off** our shoes. 교과서

우리는 신발을 벗었다.

Exercise

[1~10] 빈칸에 알맞은 단어를 넣어 어구를 완성하세요.

1 안전 벨트 a seat ___________

2 구멍 난 양말 ___________ with holes

3 스웨터를 뜨다 knit a ___________

4 오래된 재킷 an old ___________

5 내 주머니 안에 in my ___________

6 인기 있는 가수 a ___________ singer

7 너의 글쓰기 방식 your writing ___________

8 장화를 신다 ___________ on rain boots

9 긴 치마 a long ___________

10 검은색 셔츠 a black ___________

[11~15] 보기에서 알맞은 단어를 골라 문장을 완성하세요.

보기	gloves	clothes	wear	cap	design

11 He is looking for a ___________. 그는 모자를 찾고 있다.

12 Many students ___________ glasses. 많은 학생이 안경을 쓴다.

13 I need some new ___________. 나는 새 옷이 필요하다.

14 She put on warm ___________. 그녀는 따뜻한 장갑을 꼈다.

15 She ___________ed her house on her own.
그녀는 자신의 집을 스스로 설계했다.

Day 18 Traffic 교통

Previous Check

- □ subway
- □ bike
- □ airplane
- □ truck
- □ boat
- □ ride
- □ street
- □ road
- □ drive
- □ right
- □ left
- □ block
- □ straight
- □ bridge
- □ across
- □ sign
- □ corner
- □ stop
- □ get on
- □ hurry up

Day 18

Traffic

01 02 03 04 05 06 07 08 09 10 11 12 13 14 15 16 17 18 19 20

□ 341 **subway** [sʌ́bwèi]
□

명 지하철

지하철을 타는 것이 어떠니?

Why don't you take the ________________? 교과서

□ 342 **bike** [baik]
□

명 자전거 유 bicycle

자전거를 고치다

fix a ________________

□ 343 **airplane** [ɛ́ərplèin]
□

명 비행기 유 plane

그들은 마침내 비행기를 만들었다.

They finally made an ________________. 교과서

□ 344 **truck** [trʌk]
□

명 트럭

푸드 트럭들이 우리 동네에 온다.

Food ________________s come to our neighborhood. 교과서

□ 345 **boat** [bout]
□

명 보트, 배

호수 위의 보트

a ________________ on the lake

☐ 346 **ride** [raid]

동 타다, 몰다 (rode-ridden)

나는 제주도에서 말을 탈 것이다.

I'm going to ______________ horses in Jeju-do. 교과서

☐ 347 **street** [striːt]

명 거리, 도로

거리 위에서

on the ______________

☐ 348 **road** [roud]

명 도로, 길

그 숲에는 도로가 없었다.

There were no ______________s in the forest. 교과서

☐ 349 **drive** [draiv]

동 운전하다 (drove-driven)

차를 운전하다

______________ a car

☐ 350 **right** [rait]

명 오른쪽 형 오른쪽의 부 오른쪽으로

오른쪽으로 약간 이동해라.

Move a little to the ______________.

Voca tip right의 다양한 의미

- It's not **right** to lie. (거짓말을 하는 것은 올바르지 않다.)
- Circle the **right** answer. (맞는 답에 동그라미표 하시오.)
- Tom is **right** for the job. (Tom은 그 일에 적합하다.)
- I was standing **right** next to her. (나는 그녀 바로 옆에 서 있었다.)
- You have a **right** to speak. (너는 말할 권리가 있다.)

□ 351 **left** [left]
□

명 왼쪽 형 왼쪽의 부 왼쪽으로

왼쪽으로 돌아라.

Turn ________________.

□ 352 **block** [blak]
□

동 막다, 차단하다 명 블록, 구역

길을 막다

________________ the road

□ 353 **straight** [streit]
□

형 곧은, 똑바른 부 똑바로, 곧장

곧은 선, 일직선

a ________________ line

□ 354 **bridge** [bridʒ]
□

명 다리

다리를 건너다

cross a ________________

Culture tip 세계의 유명한 bridge

• 타워 브리지(Tower Bridge)
영국 런던의 템스 강에 위치한 다리로, 탑에 동력 장치가 있어 대형 선박이 지나갈 때마다 1,000t이나 되는 다리를 들어 올려요. 다리 가운데가 분리되어 거의 90도 가까이 세워지는데, 이는 많은 관광객들이 가장 보고 싶어 하는 장면이에요.

• 골든 게이트 브리지(Golden Gate Bridge)
미국 샌프란시스코에 설치된 다리로, 금문교라고도 해요. 다리의 총 길이는 약 2,800m로 건설 당시 세계에서 가장 긴 다리라는 기록을 세웠어요. 다리 밑의 공간이 매우 커서 대형 선박뿐 아니라 비행기도 통과할 수 있어요. 주홍색의 다리는 주변의 자연과 조화를 이루는 동시에 눈에 잘 띄어 안개가 심한 샌프란시스코에 적합해요.

355 **across** [əkrɔ́:s]

전 가로질러, 맞은편에

그들은 강 건너편에 산다.

They live ________ the river.

356 **sign** [sain]

명 표지판 동 서명하다

도로 표지판

a road ________

357 **corner** [kɔ́:rnər]

명 모퉁이, 구석

모퉁이를 돌아 걸어가다

walk around the ________

358 **stop** [stɑp]

동 멈추다 명 정류장

버스 정류장

a bus ________

Idioms

359 **get on**

~에 타다 ⓑ get off ~에서 내리다

The princess **got on** a boat. 교과서

그 공주는 보트에 탔다.

360 **hurry up**

서두르다

Hurry up! We're late!

서둘러! 우리는 늦었어!

Exercise

[1~10] 빈칸에 알맞은 단어를 넣어 어구를 완성하세요.

1 길모퉁이에서 at the ___________ of the street

2 천천히 운전하다 _________ slowly

3 너의 오른쪽에 on your ___________

4 낙타를 타다 _________ a camel

5 지하철에서 on the ___________

6 비행기를 타고 by ___________

7 직진하다 go ___________

8 한 블록 더 가다 go one more ___________

9 다리 위에(서) on the ___________

10 길 건너편에 ___________ the street

[11~15] 보기에서 알맞은 단어를 골라 문장을 완성하세요.

보기	street	bike	sign	stop	get

11 There are many cars on the ___________. 도로에 차들이 많다.

12 The bus does not ___________ here. 그 버스는 여기 서지 않는다.

13 Many people ___________ on the elevator. 많은 사람이 엘리베이터에 탄다.

14 The boys ride ___________s after school. 그 소년들은 방과 후에 자전거를 탄다.

15 Follow the ___________s and you can find the lake.
표지판을 따라가면 그 호수를 찾을 수 있다.

Day 19

School 학교

Previous Check

- □ teacher
- □ student
- □ test
- □ library
- □ playground
- □ gym
- □ contest
- □ follow
- □ school uniform
- □ hall
- □ cafeteria
- □ locker
- □ homeroom
- □ grade
- □ teach
- □ learn
- □ subject
- □ borrow
- □ make friends (with)
- □ after school

School

□ 361 **teacher** □
[tíːtʃər]

명 교사, 선생

영어 교사
an English ____________

□ 362 **student** □
[stjúːdənt]

명 학생 유 pupil

중학생
a middle school ____________

□ 363 **test** □
[test]

명 시험; 검사, 실험 유 exam

시험에 통과하다
pass the ____________

Voca tip 다양한 **test**

- a written test (필기시험)
- an IQ test (지능 검사)
- an eye test (시력 검사)
- DNA test (유전자 검사)
- an oral test (구두시험)
- a blood test (혈액 검사)
- a driving test (운전면허 시험)
- a nuclear test (핵 실험)

□ 364 **library** □
[láibrèri]

명 도서관

그 도서관에는 많은 책과 DVD가 있다.
The ____________ has lots of books and DVDs. 교과서

□ 365 **playground** [pléigràund]
□

명 운동장, 놀이터

운동장에서 축구를 하다

play soccer on the ________ 교과서

□ 366 **gym** [dʒim]
□

명 체육관

체육관에서 농구를 하다

play basketball in the ________ 교과서

□ 367 **contest** [kɑ́ntest]
□

명 대회, 콘테스트

에세이 대회

an essay ________

□ 368 **follow** [fɑ́lou]
□

동 따르다, 따라가다

규칙을 따르다

________ the rules

□ 369 **school uniform** [sku:l jú:nəfɔ̀:rm]
□

명 교복

교복을 입다

wear ________s

□ 370 **hall** [hɔ:l]
□

명 복도, 홀, 강당

복도에서 뛰지 마라.

Do not run in the ________.

□ 371 **cafeteria**
□ [kæ̀fətíəriə]

명 구내식당, 카페테리아

학교 구내식당

a school ____________

□ 372 **locker**
□ [lákər]

명 사물함

나는 그 책을 나의 학교 사물함에서 발견했다.

I found the book in my school ____________.

□ 373 **homeroom**
□ [hóumrù(:)m]

명 홈룸, 출석 반

담임 선생님

a ____________ teacher

□ 374 **grade**
□ [greid]

명 성적; 학년

좋은 성적을 받다

get a good ____________

□ 375 **teach**
□ [tiːtʃ]

동 가르치다 (taught-taught)

음악을 가르치다

____________ music

□ 376 **learn**
□ [ləːrn]

동 배우다

영어를 배우다

____________ English

□ 377 **subject** [sʌ́bdʒikt]
□

명 과목

내가 가장 좋아하는 과목은 과학이다.

My favorite ______________ is science. 교과서

Voca tip 다양한 subject

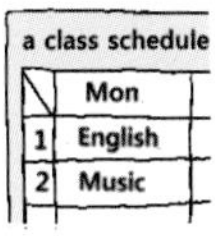

- Korean Language (국어)
- mathematics(= math) (수학)
- history (역사)
- music (음악)
- P.E.(= physical education) (체육)
- English (영어)
- science (과학)
- social studies (사회)
- fine art (미술)

□ 378 **borrow** [bárou]
□

동 빌리다 ㊎ lend 빌려 주다

우리는 그 책을 도서관에서 빌릴 수 있다.

We can ______________ the book from the library. 교과서

Idioms

□ 379 **make friends (with)**
□

(~와) 친구가 되다, 친해지다

She **made friends with** them.

그녀는 그들과 친구가 되었다.

□ 380 **after school**
□

방과 후에

What are you going to do **after school** today? 교과서

오늘 방과 후에 너는 무엇을 할 거니?

Exercise

[1~10] 빈칸에 알맞은 단어를 넣어 어구를 완성하세요.

1	음악 선생님	a music ____________
2	공공 도서관	a public ____________
3	체육관에 가다	go to the ____________
4	나의 새 교복	my new ____________
5	영어를 가르치다	____________ English
6	운전 시험	a driving ____________
7	노래 대회	a song ____________
8	대학생	a university ____________
9	커다란 강당	a big ____________
10	나의 사물함을 열다	open my ____________

[11~15] 보기에서 알맞은 단어를 골라 문장을 완성하세요.

보기	friends	grade	homeroom	subject	school

11 I'll meet a friend after ____________. 나는 방과 후에 친구를 만날 것이다.

12 Mr. Park is my ____________ teacher. 박 선생님은 나의 담임 선생님이시다.

13 Carol soon made ____________ with them. Carol은 곧 그들과 친구가 되었다.

14 Science is a difficult ____________ for me. 과학은 내게 어려운 과목이다.

15 I got low ____________s on my exams. 나는 시험에서 낮은 성적을 받았다.

Day 20

Lessons 수업

Previous Check

- □ homework
- □ lesson
- □ study
- □ difficult
- □ classroom
- □ review
- □ write
- □ solve
- □ correct
- □ wrong
- □ diary
- □ report
- □ fail
- □ note
- □ speech
- □ finish
- □ mistake
- □ absent
- □ take a break
- □ get up

Day 20 Lessons

□ 381 **homework**
□ [hóumwə̀ːrk]

명 숙제, 과제

숙제를 하다

do one's ______________

□ 382 **lesson**
□ [lésn]

명 수업; (교재의) 과; 교훈

피아노 수업

a piano ______________

□ 383 **study**
□ [stʌ́di]

동 공부하다

역사를 공부하다

______________ history

□ 384 **difficult**
□ [dífikʌ̀lt]

형 어려운 반 easy 쉬운

어려운 시험

a ______________ test

□ 385 **classroom**
□ [klǽsrù(ː)m]

명 교실

교실에 몇몇 학생들이 있다.

There are some students in the ______________.

교과서

□ 386 **review** [rivjúː]
□

동 **재검토하다, 복습하다**

학과를 복습하다

_______________ the lesson

Voca tip re-

접두사 re-는 단어 앞에 붙어서 그 단어에 '다시'의 의미를 추가해 주어요.

- re- + view (보다) = review (다시 보다 → 재검토하다)
- re- + cycle (순환하다) = recycle (다시 순환시키다 → 재활용하다)
- re- + mind (염두에 두다) = remind (다시 떠올리게 하다 → 상기시키다)

□ 387 **write** [rait]
□

동 **쓰다 (wrote-written)**

에세이를 쓰다

_______________ an essay

□ 388 **solve** [sɑlv]
□

동 **해결하다, 풀다** 유 answer

문제를 풀다

_______________ the problem

□ 389 **correct** [kərékt]
□

형 **옳은, 맞는** 유 right

답이 맞다.

The answer is _______________.

□ 390 **wrong** [rɔ(ː)ŋ]
□

형 **틀린, 잘못된**

답이 틀리다.

The answer is _______________.

□ 391 **diary**
□ [dáiəri]

명 일기

너는 일기를 매일 쓰니?

Do you write in your ______________ every day?

□ 392 **report**
□ [ripɔ́ːrt]

명 보고서 동 보고하다

쓰레기에 관한 보고서를 쓰다

write a ______________ on trash 교과서

□ 393 **fail**
□ [feil]

동 실패하다; (시험에) 떨어지다 반 succeed 성공하다

시험에 떨어지다

______________ an exam

□ 394 **note**
□ [nout]

명 (-s) 필기; 쪽지

수업 시간에 필기하다

take ______________s in class

□ 395 **speech**
□ [spiːtʃ]

명 연설

나의 학교는 연설 대회를 열었다.

My school held a ______________ contest. 교과서

□ 396 **finish** [fíniʃ]

동 끝내다, 끝나다 ⓑ start 시작하다

나는 숙제를 끝내야 한다.

I need to ______________ my homework.

□ 397 **mistake** [mistéik]

명 실수, 잘못

문법적 실수를 하다

make a grammar ______________

□ 398 **absent** [ǽbsənt]

형 결석한, (자리에) 없는 ⓑ present 출석한

그녀는 학교에 결석했다.

She was ______________ from school.

Voca tip Don't play hooky!

hooky는 '꾀를 부려 학교 빼먹기'라는 의미를 가지고 있어요. 이 단어를 play와 함께 쓰면 '학교를 땡땡이치다'라는 뜻이 되지요.

A: Let's play hooky! (학교 땡땡이치자!)

B: No way! (절대 안 돼!)

Idioms

□ 399 **take a break**

휴식을 취하다

It's time to **take a break**.

휴식을 취할 시간이다.

□ 400 **get up**

일어나다 ⓤ wake up

Ms. Gray **gets up** really early to bake bread. 교과서

Gray 씨는 빵을 굽기 위해 매우 일찍 일어난다.

Exercise

[1~10] 빈칸에 알맞은 단어를 넣어 어구를 완성하세요.

1 열심히 공부하다 ＿＿＿＿＿ hard

2 어려운 질문 a ＿＿＿＿＿ question

3 틀린 답 a ＿＿＿＿＿ answer

4 보고서를 쓰다 ＿＿＿＿＿ a report

5 매일 복습하다 ＿＿＿＿＿ every day

6 교실을 나가다 leave the ＿＿＿＿＿

7 실수로 by ＿＿＿＿＿

8 필기하다 make a ＿＿＿＿＿

9 일찍 일어나다 ＿＿＿＿＿ up early

10 연설하다 deliver a ＿＿＿＿＿

[11~15] 보기에서 알맞은 단어를 골라 문장을 완성하세요.

보기	break	solve	finish	correct	absent

11 She was ＿＿＿＿＿ because of a cold. 그녀는 감기 때문에 결석했다.

12 Circle the ＿＿＿＿＿ words. 맞는 단어에 동그라미 하세요.

13 I can ＿＿＿＿＿ the math problem. 나는 그 수학 문제를 풀 수 있다.

14 The players need to take a(n) ＿＿＿＿＿. 선수들은 휴식을 취해야 한다.

15 Can you ＿＿＿＿＿ it by 3? 세 시까지 그것을 끝낼 수 있니?

Day 21 Time 시간

Previous Check

- □ date
- □ week
- □ from
- □ month
- □ year
- □ early
- □ today
- □ yesterday
- □ tomorrow
- □ past
- □ tonight
- □ hour
- □ minute
- □ soon
- □ calendar
- □ during
- □ until
- □ moment
- □ be late for
- □ at the same time

Day 21

Time

□ 401 **date** [deit]

명 날짜

출생 날짜, 생년월일

__________ of birth

□ 402 **week** [wi:k]

명 주, 일주일

다음 주

next __________

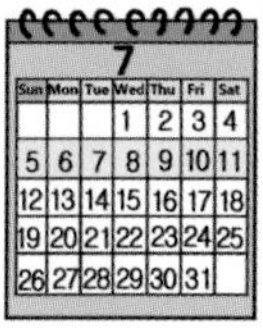

□ 403 **from** [frəm]

전 ~에서, ~부터

9시부터 6시까지

__________ 9 to 6

□ 404 **month** [mʌnθ]

명 달, 월

지난달

last __________ 교과서

□ 405 **year** [jiər]

명 한 해, 1년

매년

every __________

406 **early** [ə́:rli]

부 일찍 형 이른 반 late 늦게; 늦은

나는 일찍 일어난다.

I get up ______________.

Culture tip early bird

무언가를 남보다 빨리 시작하거나 한 발 앞서 행동하여 이점을 얻는 사람을 early bird라고 해요. 예약이나 등록을 일찍 하거나, 가게에 일찍 도착하여 구입하는 사람에게 할인된 가격을 제시하는 early bird sale을 흔히 볼 수 있어요. 또한 early bird는 단어 그대로 일찍 일어나 하루 일과를 시작하는 아침형 인간을 의미하기도 해요. 반대의 의미로 늦게 자고 늦게 일어나 저녁에 활발히 활동하는 저녁형 인간은 night owl이라고 표현해요.

---

407 **today** [tədéi]

명 부 오늘

오늘은 월요일이다.

______________ is Monday.

---

408 **yesterday** [jéstərdèi]

명 부 어제

어제는 일요일이었다.

______________ was Sunday.

---

409 **tomorrow** [təmɔ́:rou]

명 부 내일

내일 봐.

See you ______________.

---

410 **past** [pæst]

명 과거, 지난날

과거에

in the ______________

411 **tonight** [tənáit]

명 오늘 밤 부 오늘 밤에

오늘 밤에 달을 보다

watch the moon ______________ 교과서

412 **hour** [áuər]

명 시간, 시각

한 시간 동안

for an ______________

413 **minute** [mínit]

명 (시간 단위) 분

10분 동안

for ten ______________s

414 **soon** [suːn]

부 곧, 머지않아

나는 곧 집에 도착할 것이다.

I'll be home ______________. 교과서

415 **calendar** [kǽləndər]

명 달력

2022년 달력

a 2022 ______________

Voca tip calendar의 종류

- solar calendar

  solar는 '태양의'라는 뜻으로, solar calendar는 태양을 기준으로 만든 달력, 즉 '양력'을 의미해요. 다른 말로 태양력이라고도 표현하지요.

- lunar calendar

  lunar는 '달의'라는 뜻으로, lunar calendar는 달을 기준으로 만든 달력, 즉 '음력'을 의미해요. 다른 말로 태음력이라고도 표현한답니다.

□ 416 **during** [djú(:)əriŋ]
□

전 ~ 동안[내내], ~ 중에

낮 동안 우리는 하이킹을 했다.

__________ the day, we went hiking. 교과서

□ 417 **until** [əntíl]
□

전 ~까지 접 ~할 때까지

16세기까지

__________ the 16th century 교과서

□ 418 **moment** [móumənt]
□

명 (특정한) 순간; 잠시

그 순간에 전화벨이 울렸다.

The telephone rang at that __________.

Idioms

□ 419 **be late for**
□

~에 늦다[지각하다]

I'**m late for** a baseball game. 교과서

나는 야구 경기에 늦었다.

□ 420 **at the same time**
□

동시에

They left the house **at the same time**.

그들은 동시에 그 집을 떠났다.

Exercise

[1~10] 빈칸에 알맞은 단어를 넣어 어구를 완성하세요.

1	시험 중에	________ the exam
2	일주일에 한 번	once a ________
3	탁상 달력	a desk ________
4	모든 순간	every ________
5	두 시간 동안	for two ________s
6	이른 아침에	________ in the morning
7	다음 달	next ________
8	지난해	last ________
9	5분 전에	five ________s ago
10	오늘 밤에 떠나다	leave ________

[11~15] 보기에서 알맞은 단어를 골라 문장을 완성하세요.

보기	late	today	tomorrow	yesterday	same

11 I have a math test ________. 나는 내일 수학 시험이 있다.

12 You look sick ________. 너는 오늘 아파 보인다.

13 What did you do ________? 너는 어제 뭐했니?

14 We arrived at the stadium at the ________ time.
우리는 동시에 경기장에 도착했다.

15 I may be ________ for dinner tonight.
나는 오늘 저녁 식사에 늦을지도 모른다.

Day 22

Order & Frequency 순서와 빈도

Previous Check

- □ first
- □ second
- □ third
- □ again
- □ before
- □ after
- □ never
- □ sometimes
- □ often
- □ usually
- □ always
- □ once
- □ final
- □ last
- □ next
- □ step
- □ repeat
- □ suddenly
- □ all the time
- □ from time to time

Day 22

Order & Frequency

□ 421 **first** [fəːrst]
□

형 첫 번째의

첫 번째 날

the ________________ day

□ 422 **second** [sékənd]
□

형 두 번째의

두 번째 골

the ________________ goal

□ 423 **third** [θəːrd]
□

형 세 번째의

세 번째 부분

the ________________ part

Voca tip 기수와 서수

one(1), two(2), three(3)처럼 기본적인 수를 의미하는 기수는 개수를 나타낼 때 사용해요. 반면, first, second, third 등의 서수는 순서나 차례를 나타낼 때 사용하지요. 네 번째부터는 기수 뒤에 -th를 붙여서 서수를 나타낼 수 있어요. 단, five(5), twelve(12)처럼 -ve로 끝나는 기수는 -ve를 -f로 바꾸고 -th를 붙여서 서수를 만들어요.

fifth (다섯 번째의), twelfth (열두 번째의)

□ 424 **again** [əgén]
□

부 한 번 더, 다시

다시 시도해 볼게.

I'll try ________________. 교과서

□ 425 **before** [bifɔ́:r]
□

전 접 ~ 전에

점심시간 전에

__________ lunch

□ 426 **after** [ǽftər]
□

전 접 ~ 후에[뒤에]

1시간 뒤에

__________ an hour

□ 427 **never** [névər]
□

부 절대[결코] ~ 않다

너희는 결코 우리를 이길 수 없다!

You'll __________ beat us! 교과서

□ 428 **sometimes** [sʌ́mtàimz]
□

부 때때로, 가끔

나는 때때로 TV를 켠 채로 잠든다.

I __________ sleep with the TV on. 교과서

□ 429 **often** [ɔ́:fən]
□

부 자주, 종종

그녀는 자주 그 공원에 간다.

She __________ goes to the park.

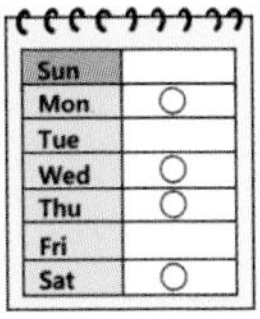

□ 430 **usually** [jú:ʒuəli]
□

부 보통, 대개

그는 보통 아침을 거른다.

He __________ skips breakfast. 교과서

□ 431 **always** [ɔ́:lweiz]
□

부 항상, 언제나

그녀는 항상 바쁘다.

She is ________________ busy.

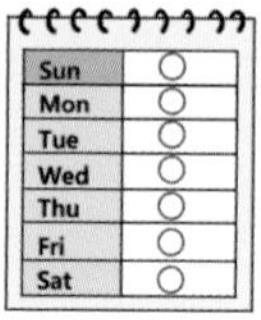

Voca tip 빈도부사

빈도부사는 어떤 일을 하는 횟수나 반복의 정도를 나타내는 말이에요. 빈도가 높다는 것은 반복되는 횟수가 많다는 것을 의미하고, 빈도가 낮다는 것은 반복되는 횟수가 적다는 것을 의미하지요.

빈도 정도: always (100%) > usually > often > sometimes > never (0%)

빈도부사는 문장 안에서 be동사와 조동사 뒤 그리고 일반동사 앞에 위치해요.

□ 432 **once** [wʌns]
□

부 한 번

일주일에 한 번

________________ a week

□ 433 **final** [fáinəl]
□

형 마지막의

그들은 결승전에서 승리했다.

They won the ________________ game. 교과서

□ 434 **last** [læst]
□

형 마지막의; 지난

마지막 버스를 놓치다

miss the ________________ bus

□ 435 **next** [nekst]
□

형 다음의

다음 기차를 타다

take the ______________ train

□ 436 **step** [step]
□

명 단계; 걸음

첫 번째 단계

the first ______________

□ 437 **repeat** [ripí:t]
□

동 반복하다, 되풀이하다

질문을 반복하다

______________ a question

□ 438 **suddenly** [sʌ́dnli]
□

부 갑자기

갑자기 비행기 한 대가 나타났다.

______________, an airplane appeared. 교과서

Idioms

□ 439 **all the time**
□

항상, 줄곧, 내내

I listen to music **all the time**.

나는 항상 음악을 듣는다.

□ 440 **from time to time**
□

가끔, 때때로

He visited me **from time to time**.

그는 가끔 나를 방문했다.

Exercise

[1~10] 빈칸에 알맞은 단어를 넣어 어구를 완성하세요.

1	내년	____________ year
2	어두워지기 전에	____________ dark
3	한 달에 한 번	____________ a month
4	한 걸음 한 걸음	____________ by step
5	처음으로	for the ____________ time
6	그 공연 후에	____________ the show
7	한 번 더	once ____________
8	두 번째 골	the ____________ goal
9	어젯밤	____________ night
10	나를 따라 반복하다	__________ after me

[11~15] 보기에서 알맞은 단어를 골라 문장을 완성하세요.

보기	often	never	always	time	final

11 He ____________ helps poor people. 그는 항상 가난한 사람들을 돕는다.

12 The ____________ match was yesterday. 마지막 경기는 어제였다.

13 We ____________ play soccer after school. 우리는 방과 후에 종종 축구를 한다.

14 I ____________ lie to my parents. 나는 부모님께 절대 거짓말하지 않는다.

15 The man carries an umbrella all the ____________.
그 남자는 항상 우산을 가지고 다닌다.

Day 23

Condition 상태

Previous Check

- [ ] clean
- [ ] dirty
- [ ] busy
- [ ] poor
- [ ] slow
- [ ] fast
- [ ] quickly
- [ ] sleepy
- [ ] heavy
- [ ] light
- [ ] safe
- [ ] wet
- [ ] ready
- [ ] dark
- [ ] bright
- [ ] perfect
- [ ] different
- [ ] terrible
- [ ] be full of
- [ ] for a while

Condition

□ 441 **clean** [kliːn]

형 깨끗한

깨끗한 셔츠

a ______________ shirt

□ 442 **dirty** [dɚ́ːrti]

형 더러운

더러운 손

______________ hands

□ 443 **busy** [bízi]

형 바쁜

바쁜 생활

a ______________ life

□ 444 **poor** [puər]

형 가난한　반 rich 부유한

가난한 사람들

______________ people

Voca tip　「the+형용사」= 복수 명사

형용사 앞에 the를 써서 '~한 사람들'의 의미로 복수 명사를 나타내요.

- the rich = rich people (부유한 사람들)
- the poor = poor people (가난한 사람들)
- the young = young people (젊은이들)
- the old = old people (노인들)

□ 445 **slow**
□ [slou]

형 느린

느린 기차, 완행열차

a ______________ train

□ 446 **fast**
□ [fæst]

형 빠른 유 quick 부 빨리, 빠르게

빠른 주자

a ______________ runner

□ 447 **quickly**
□ [kwíkli]

부 빨리, 빠르게 반 slowly 천천히, 느리게

그들은 경주를 매우 빨리 끝냈다.

They finished the race very ______________. 교과서

□ 448 **sleepy**
□ [slí:pi]

형 졸린, 졸음이 오는

졸리다

feel ______________

□ 449 **heavy**
□ [hévi]

형 무거운

무거운 상자

a ______________ box

□ 450 **light**
□ [lait]

형 가벼운; 밝은 명 빛

가벼운 가방

a ______________ bag

□ 451 **safe** [seif]

형 안전한 반 dangerous 위험한

아기들은 엄마와 있으면 안전하다고 느낀다.

Babies feel ______________ with their mothers. 교과서

□ 452 **wet** [wet]

형 젖은 반 dry 건조한

경기장은 젖어 있었고 미끄러웠다.

The field was ______________ and slippery. 교과서

□ 453 **ready** [rédi]

형 준비가 된

준비됐나요?

Are you ______________?

□ 454 **dark** [dɑːrk]

형 어두운, 캄캄한

어두워지다

get ______________

Voca tip dark horse

다크호스는 원래 경마에서 아직 실력이 알려지지 않은 말을 가리키는 표현이었는데, 현재는 선거, 경기 등에서 예상 밖의 능력으로 다른 사람들을 놀라게 하는 숨은 실력자나 기대되는 유망주를 가리키는 말로 사용되고 있어요.

□ 455 **bright** [brait]

형 밝은, 빛나는

밝은 햇살

______________ sunshine

□ 456 **perfect**
□ [pə́ːrfikt]

형 완벽한

날씨가 완벽했다.

The weather was ______________.

□ 457 **different**
□ [dífərənt]

형 다른 반 same 같은

이 그림이 달라 보이나요?

Does this picture look ______________?

교과서

□ 458 **terrible**
□ [térəbl]

형 끔찍한, 형편없는 유 awful

끔찍한 소식이다.

It's ______________ news.

Idioms

□ 459 **be full of**
□

~로 가득 차다

Times Square **is** always **full of** people.

교과서

타임스 광장은 항상 사람으로 가득 차 있다.

□ 460 **for a while**
□

잠시 동안

Let's rest here **for a while**.

여기서 잠시 동안 쉬자.

Exercise

[1~10] 빈칸에 알맞은 단어를 넣어 어구를 완성하세요.

1 깨끗한 물 ____________ water

2 바쁜 하루 a ____________ day

3 가난한 국가들 ____________ countries

4 너무 빨리 운전하다 drive too ____________

5 준비가 되다 be ____________

6 어두운 숲 a ____________ forest

7 완벽한 날씨 __________ weather

8 밝은 색상들 ____________ colors

9 젖은 길에서 on a ____________ road

10 안전한 장소 a ____________ place

[11~15] 보기에서 알맞은 단어를 골라 문장을 완성하세요.

보기	sleepy	while	heavy	different	full

11 They experienced a ____________ culture. 그들은 서로 다른 문화를 경험했다.

12 My bag is too ____________. 내 가방은 너무 무겁다.

13 I feel ____________ all the time. 나는 항상 졸려.

14 I took a nap for a ____________. 나는 잠시 동안 낮잠을 잤다.

15 My uncle's room is ____________ of books.
나의 삼촌의 방은 책들로 가득 차 있다.

Day 24 Shape 형태

Previous Check

- □ huge
- □ small
- □ narrow
- □ wide
- □ round
- □ part
- □ line
- □ side
- □ shape
- □ size
- □ type
- □ large
- □ high
- □ low
- □ deep
- □ thick
- □ flat
- □ object
- □ for example
- □ a kind of

Shape

□ 461 **huge**
□ [hjuːdʒ]

형 (크기·양·정도가) 엄청난, 거대한

거대한 파도

_______________ waves

□ 462 **small**
□ [smɔːl]

형 작은, 소규모의 ㊒ little

크고 작은 원숭이들이 나무에서 논다.

Big and _______________ monkeys play in the trees.

교과서

□ 463 **narrow**
□ [nǽrou]

형 좁은

좁은 도로

_______________ streets

□ 464 **wide**
□ [waid]

형 넓은

넓은 강

a _______________ river

□ 465 **round**
□ [raund]

형 둥근, 동그란

둥근 탁자

a _______________ table

□ 466 **part**
□ [pɑːrt]

명 부분; 일부

그것은 그 경기에서 가장 중요한 부분이다.

It's the most important _______________ of the game.

교과서

467 **line**
[lain]

명 줄, 선

줄을 서서 기다리세요.

Please wait in ________________.

Voca tip 다양한 line

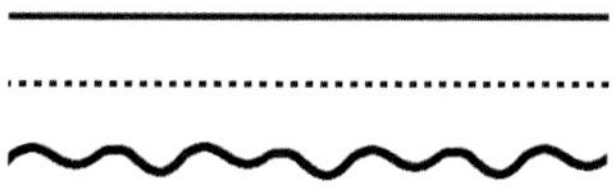

- a straight line (직선)
- a dotted line (점선)
- a wavy line (물결무늬 선)

468 **side**
[said]

명 쪽, 면; 옆, 측면

뒷면

the back ________________

469 **shape**
[ʃeip]

명 모양, 형태

모양을 바꾸다

change a ________________

470 **size**
[saiz]

명 크기; 치수

중간 크기

a medium ________________

471 **type**
[taip]

명 종류, 유형 ㊒ kind

너는 어떤 유형의 여행자니?

What ________________ of traveler are you? 교과서

□ 472 **large** [lɑːrdʒ]

형 (규모가) 큰, 넓은 유 big

이 집은 매우 크다.

This house is very ______________. 교과서

□ 473 **high** [hai]

형 높은

높은 산

a ______________ mountain

□ 474 **low** [lou]

형 낮은

낮은 담

a ______________ wall

□ 475 **deep** [diːp]

형 깊은

깊은 바다, 심해

the ______________ sea

□ 476 **thick** [θik]

형 두꺼운, 두툼한 반 thin 얇은

두꺼운 양털 양말

______________ wool socks

☐ 477 **flat**
☐ [flæt]

형 평평한, 납작한

지구는 평평하지 않다.

The Earth is not ______________.

Voca tip **flat**이 쓰인 표현

- a flat tire (펑크 난 타이어)

  flat tire는 '바람 빠진 타이어'를 의미해요. 바람이 빠져서 모양이 납작해진 타이어가 떠오르지 않나요?

- flat shoes (플랫 슈즈)

  flat shoes는 굽이 낮아서 모양이 납작한 신발을 말해요.

☐ 478 **object**
☐ [ɑ́bdʒikt]

명 물체, 물건

멀리 있는 물체

a distant ______________

Idioms

☐ 479 **for example**
☐

예를 들어

I make bags from old clothes. **For example**, I use blue jeans.

나는 낡은 옷으로 가방을 만든다. 예를 들어, 나는 청바지를 사용한다.

☐ 480 **a kind of**
☐

일종의

She makes **a** new **kind of** bread. 교과서

그녀는 새로운 종류의 빵을 만든다.

Exercise

[1~10] 빈칸에 알맞은 단어를 넣어 어구를 완성하세요.

1	동그란 얼굴	a __________ face
2	넓은 길	a __________ street
3	결승선	the finish __________
4	오른쪽	the right __________
5	아주 깊은 강	a very __________ river
6	좁은 오솔길	a __________ path
7	고열	a __________ fever
8	낮은 점수	a __________ grade
9	이런 종류의 일	this __________ of work
10	무거운 물체	a heavy __________

[11~15] 보기에서 알맞은 단어를 골라 문장을 완성하세요.

보기					
	shape	flat	large	thick	size

11 He needs a big __________. 그는 큰 치수가 필요하다.

12 It is in the __________ of a heart. 그것은 하트 모양이다.

13 She is wearing a __________ coat. 그녀는 두꺼운 코트를 입고 있다.

14 The house has a __________ roof. 그 집은 지붕이 평평하다.

15 She has a __________ store. 그녀는 큰 가게를 소유하고 있다.

Day 25

Numbers & Amounts 수와 양

Previous Check

- □ number
- □ some
- □ each
- □ every
- □ all
- □ only
- □ many
- □ much
- □ half
- □ add
- □ empty
- □ fill
- □ count
- □ enough
- □ total
- □ piece
- □ nothing
- □ a lot of
- □ a few
- □ a little

Day 25

Numbers & Amounts

□ 481 **number** [nʌ́mbər]

명 수, 숫자, 번호

짝수

an even ________

□ 482 **some** [sʌm]

형 몇몇의, 약간의

나는 사진을 몇 장 찍었다.

I took ________ pictures. 교과서

□ 483 **each** [iːtʃ]

형 각각[각자]의

각각의 학생은 특별한 품목을 학교에 가져온다.

________ student brings a special item to school. 교과서

□ 484 **every** [évri]

형 모든

크리스마스이브에 그는 모든 집을 간다.

On Christmas Eve, he goes to ________ house. 교과서

□ 485 **all** [ɔːl]

형 모든

모든 사람들

________ the people

□ 486 **only** [óunli]

형 유일한 부 단지, 오직

외동 아이

an ________ child

□ 487 **many** [méni]

형 (수가) 많은

우리는 많은 책이 있다.

We have ____________ books.

□ 488 **much** [mʌtʃ]

형 (양이) 많은

그들은 너무 많은 물을 사용한다.

They use too ____________ water. 교과서

Voca tip many vs. much

둘 다 '많은'의 의미를 나타내지만 many는 셀 수 있는 명사와 함께 쓰이고, much는 셀 수 없는 명사와 함께 쓰여요.

- many books (○) / much books (×)
- many money (×) / much money (○)

□ 489 **half** [hæf]

명 반, 절반

반으로 자르다

cut in ____________

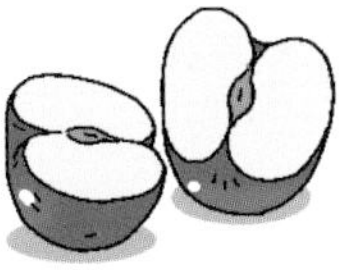

□ 490 **add** [æd]

동 추가하다; 더하다

숫자를 모두 더해라.

____________ all the numbers together.

□ 491 **empty** [émpti]
□

형 **빈, 비어 있는** ㉥ full 가득한

나는 두 개의 빈 깡통을 가지고 있다.

I have two __________ cans. 교과서

□ 492 **fill** [fil]
□

동 **채우다**

큰 그릇을 개 먹이로 채워라.

__________ a big bowl with dog food. 교과서

□ 493 **count** [kaunt]
□

동 **(수를) 세다**

그 아이는 10까지 셀 줄 아니?

Can the kid __________ to ten?

□ 494 **enough** [inʌ́f]
□

형 **충분한** **부** **충분히**

충분한 시간

__________ time

□ 495 **total** [tóutl]
□

형 **전체의** **명** **합계, 총액**

전체 금액

__________ amount of money

□ 496 **piece** [piːs]
□

명 **조각, 한 개, 한 장**

우리는 나무 조각들을 모았다.

We collected wood __________s. 교과서

497 **nothing** [nʌ́θiŋ]

대 아무것도 ~ 아니다[없다]

그 상자 안에는 아무것도 없다.

There is ______________ in the box.

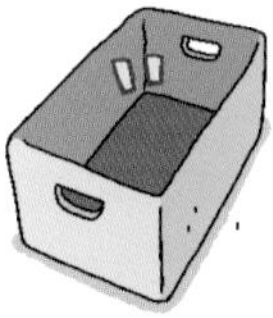

Idioms

498 **a lot of**

(수, 양이) **많은**

The cat spent **a lot of** time at sea. 교과서

그 고양이는 바다에서 많은 시간을 보냈다.

499 **a few**

(수가) **약간의, 조금의**

I have **a few** questions.

나는 몇 가지 질문이 있다.

500 **a little**

(양이) **약간의, 조금의**

Add **a little** salt.

약간의 소금을 추가해라.

Voca tip a few / a little vs. few / little

a few와 a little은 긍정의 의미로 '조금, 약간'의 의미를 나타내고, few와 little은 부정의 의미로 '거의 없는'의 의미를 나타내요. a few와 few는 셀 수 있는 명사와 함께 쓰이고, a little과 little은 셀 수 없는 명사와 함께 쓰여요. 참고로, a lot of는 셀 수 있는 명사와 셀 수 없는 명사 모두와 함께 쓰여요.

Exercise

[1~10] 빈칸에 알맞은 단어를 넣어 어구를 완성하세요.

1 피자 한 조각 a ___________ of pizza

2 각각의 사람, 각자 ___________ person

3 많은 비 ___________ rain

4 유일한 해결책 the ___________ solution

5 컵에 물을 채우다 ___________ a cup with water

6 빈 상자 an ___________ box

7 나의 모든 친구들 ___________ my friends

8 모든 학생 ___________ student

9 홀수 an odd ___________

10 많은 사람들 a ___________ of people

[11~15] 보기에서 알맞은 단어를 골라 문장을 완성하세요.

보기	little	half	nothing	enough	few

11 We have ___________ food. 우리는 식량이 충분하다.

12 I have a(n) ___________ coins in my purse. 내 지갑에 동전 몇 개가 있다.

13 Just pour a(n) ___________ water in the pot. 냄비에 약간의 물만 넣으세요.

14 I waited an hour and a(n) ___________. 나는 한 시간 반을 기다렸다.

15 I have ___________ to wear to the festival.
나는 축제에 입고 갈 옷이 아무것도 없다.

Day 26

Locations 위치

Previous Check

- □ south
- □ east
- □ west
- □ north
- □ under
- □ below
- □ behind
- □ between
- □ center
- □ around
- □ toward
- □ above
- □ over
- □ far
- □ inside
- □ outside
- □ top
- □ bottom
- □ next to
- □ in front of

Day 26

Locations

01 02 03 04 05 06 07 08 09 10 11 12 13 14 15 16 17 18 19 20

□ 501 **south** [sauθ]

명 남쪽 형 남쪽의 부 남쪽으로

남쪽으로 가다

go ____________

□ 502 **east** [iːst]

명 동쪽 형 동쪽의 부 동쪽으로

동쪽 해안

the ____________ coast

□ 503 **west** [west]

명 서쪽 형 서쪽의 부 서쪽으로

서쪽에서부터

from the ____________

□ 504 **north** [nɔːrθ]

명 북쪽 형 북쪽의 부 북쪽으로

서울의 북쪽

the ____________ of Seoul

□ 505 **under** [ʌ́ndər]

전 ~ 아래에

탁자 아래에

____________ the table

□ 506 **below** [bilóu]

전 부 (~보다) 아래에[아래로]

0도 아래로, 영하로

____________ zero

□ 507 **behind**
□ [biháind]

전 ~ 뒤에

차 한 대가 너의 뒤에 오고 있다.

A car is coming ______________ you. 교과서

Culture tip

알려지지 않은 뒷이야기, 즉 비화를 우리는 비하인드 스토리(behind story)라고 표현해요. 하지만 비하인드 스토리는 잘못된 표현으로, 영어에서는 behind-the-scenes story라는 표현을 써요. behind-the-scenes는 '비밀의, 은밀한'이라는 뜻을 가지고 있고, 이야기를 뜻하는 story와 함께 쓰여 '알려지지 않은 이야기, 비화'의 의미가 돼요.

□ 508 **between**
□ [bitwíːn]

전 ~ 사이에

너와 나 사이에

______________ you and me

□ 509 **center**
□ [séntər]

명 중심, 중앙 유 middle

탁자의 중앙에

in the ______________ of the table

□ 510 **around**
□ [əráund]

전 ~ 주위[둘레]에

집 주위에

______________ the house

511 **toward** [tɔːrd]

전 ~ 쪽으로, ~을 향하여

문 쪽으로

_______________ the door

512 **above** [əbʌ́v]

전 부 (~보다) 위에[위로]

구름 위에

_______________ the clouds

513 **over** [óuvər]

전 부 ~ 위에[위로]

울타리 위로 뛰어넘다

jump _______________ the fence

Voca tip above vs. over

above는 움직임이 없는 정적인 상태로 수직으로 위에 있다는 것을 의미하고, over는 위를 넘어서 어느 한쪽에서 다른 쪽으로 이동해 가는 움직임을 나타낼 때 쓰여요.

514 **far** [fɑːr]

형 먼 부 멀리 반 near 가까운; 가까이

그곳은 여기서 얼마나 먼가요?

How _______________ is it from here? 교과서

515 **inside** [insáid]

전 부 안에[안으로]

미술관 안으로 가방을 가져가서는 안 된다.

You must not bring bags _______________ the gallery. 교과서

□ 516 **outside** [àutsáid]
□

전 부 밖에(서), 바깥에

밖에서 기다리세요.

Please wait ______________.

□ 517 **top** [tɑp]
□

명 맨 위, 정상 형 맨 위의, 정상의

산 정상

the mountain ______________

□ 518 **bottom** [bátəm]
□

명 맨 아래, 바닥 형 맨 아래의

연못 바닥에

at the ______________ of the pond

Idioms

□ 519 **next to**
□

~ 옆에, ~ 다음의

Sit down **next to** me.

내 옆에 앉아.

□ 520 **in front of**
□

~ 앞에

I'm going to act **in front of** a lot of people. 교과서

나는 많은 사람 앞에서 연기를 할 예정이다.

Exercise

[1~10] 빈칸에 알맞은 단어를 넣어 어구를 완성하세요.

1 상자 안에 ____________ a box

2 북쪽에서 in the ____________

3 우리 집 앞에 in ____________ of my house

4 맨 위에 at the ____________

5 서쪽으로 걸어가다 walk ____________ the west

6 남쪽 해안 the ____________ coast

7 나무 아래에서 ____________ a tree

8 평균 이하 ____________ average

9 중심에서 from the ____________

10 칸막이 뒤 ____________ the screen

[11~15] 보기에서 알맞은 단어를 골라 문장을 완성하세요.

보기	around	outside	bottom	between	next to

11 Please sit ____________ the table. 식탁에 둘러앉으세요.

12 Put on a hat when you go ____________. 밖에 나갈 때 모자를 써라.

13 There is a library ____________ the mall. 쇼핑몰 옆에 도서관이 있다.

14 It is ____________ our school and the bookstore.
그것은 우리 학교와 그 서점 사이에 있다.

15 Please read the third line from the ____________.
밑에서 세 번째 줄을 읽어 주세요.

Day 27

Travel 여행

Previous Check

- □ map
- □ vacation
- □ beach
- □ trip
- □ tour
- □ travel
- □ backpack
- □ climb
- □ leave
- □ arrive
- □ return
- □ guide
- □ tourist
- □ view
- □ memory
- □ exciting
- □ adventure
- □ pack
- □ get to
- □ take a walk

Day 27

Travel

01 02 03 04 05 06 07 08 09 10 11 12 13 14 15 16 17 18 19 20

□ 521 **map** [mæp]
□

명 **지도**

지도를 읽다

read a ________

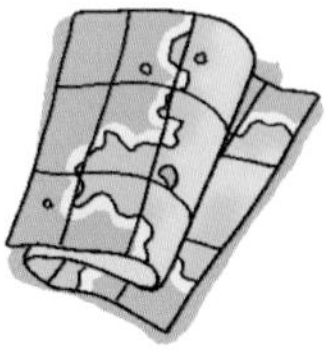

□ 522 **vacation** [veikéiʃən]
□

명 **방학**

여름 방학

the summer ________

□ 523 **beach** [biːtʃ]
□

명 **해변, 바닷가**

모래 해변

a sandy ________

□ 524 **trip** [trip]
□

명 **여행**

수학여행

a school ________

□ 525 **tour** [tuər]
□

명 **여행, 관광**

도보 여행

a walking ________

Voca tip journey vs. trip vs. tour

- journey: 시간이 많이 걸리는 먼 곳으로 떠나는 힘들고 긴 여행
- trip: field trip(현장 학습), business trip(출장)처럼 특정한 목적이 있는 단기간의 짧은 여행
- tour: 일정 기간 동안 여러 장소나 도시 등의 정해진 목적지를 방문하는 여행

526 **travel** [trǽvəl]

동 여행하다 명 여행

세계 여행을 하다

________ around the world

527 **backpack** [bǽkpæ̀k]

명 배낭

배낭을 메다

wear a ________

528 **climb** [klaim]

동 오르다, 올라가다

산을 오르다

________ a mountain

529 **leave** [liːv]

동 떠나다, 놓고 가다 (left-left)

나는 내일 떠날 것이다.

I will ________ tomorrow.

530 **arrive** [əráiv]

동 도착하다

마침내, 우리는 방콕에 도착했다.

At last, we ________d in Bangkok. 교과서

531 **return** [ritə́ːrn]

동 돌아오다

집으로 돌아오다

________ home

□ 532 **guide** [gaid]

명 안내; 안내원 동 안내하다

그녀는 여행 안내원이다.

She is a tour ______________.

Culture tip guide dog

guide dog은 앞을 보지 못하거나 시력이 아주 약한 시각 장애인에게 안전하게 길 안내를 하거나 위험을 미리 알려 그들을 보호하도록 훈련된 장애인 보조견을 가리키는 말이에요. 안내견은 법적으로 안내견의 도움을 받는 장애인이 출입 가능한 모든 시설, 탈것에 동행할 수 있어요.

□ 533 **tourist** [tú(:)ərist]

명 관광객

관광객들은 인사동에서 미술점을 방문한다.

______________s visit art shops in Insa-dong. 교과서

□ 534 **view** [vjuː]

명 전망; 견해

그 전망은 환상적이었다.

The ______________ was fantastic. 교과서

□ 535 **memory** [méməri]

명 기억, 추억

좋은 추억

a good ______________

□ 536 **exciting** [iksáitiŋ]

형 신나는, 흥미진진한 ㉥ boring 지루한

정글은 너에게 신나는 경험을 줄 것이다!

The jungle will give you an ____________ experience! 교과서

□ 537 **adventure** [ədvéntʃər]

명 모험

굉장한 모험

an amazing ____________

□ 538 **pack** [pæk]

동 짐을 싸다, 챙기다

나는 티셔츠와 반바지, 그리고 재킷을 챙겼다.

I ____________ ed a T-shirt, shorts, and a jacket. 교과서

Idioms

□ 539 **get to**

~에 도착하다, ~에 이르다

The kids **got to** their grandparents' house. 교과서

그 아이들은 그들의 조부모님 댁에 도착했다.

□ 540 **take a walk**

산책을 하다 ㉲ go for a walk

I always **take a walk** after dinner.

나는 항상 저녁 식사 후에 산책을 한다.

Exercise

[1~10] 빈칸에 알맞은 단어를 넣어 어구를 완성하세요.

1 겨울 방학 the winter ___________

2 해변에서 at the ___________

3 캠핑 여행 a camping ___________

4 제시간에 도착하다 _________ on time

5 더 높이 올라가다 _________ higher

6 기억력 상실 ___________ loss

7 모험 영화 an ___________ movie

8 정상에 도달하다 _________ to the top

9 공원에서 산책하다 _________ a walk in the park

10 신나는 콘서트 an ___________ concert

[11~15] 보기에서 알맞은 단어를 골라 문장을 완성하세요.

보기	return	view	travel	leave	tourist

11 We will ___________ home early. 우리는 집에서 일찍 떠날 것이다.

12 I like to ___________ by train. 나는 기차로 여행하는 것을 좋아한다.

13 He will ___________ next week. 그는 다음 주에 돌아올 것이다.

14 There are many ___________s here. 여기에는 많은 관광객들이 있다.

15 The night ___________ is beautiful. 야경이 아름답다.

Day 28

Sports 운동

Previous Check

□ sport	□ lose	□ match
□ race	□ stadium	□ hold
□ baseball	□ cheer	□ score
□ basketball	□ practice	□ possible
□ soccer	□ rule	□ work out
□ catch	□ player	□ do one's best
□ win	□ teamwork	

Sports

□ 541 **sport** [spɔːrt]
□

명 스포츠, 운동

내가 가장 좋아하는 운동은 배드민턴이다.

My favorite ______________ is badminton. 교과서

□ 542 **race** [reis]
□

명 경주, 경기, 달리기 (시합)

계주 경기

a relay ______________

□ 543 **baseball** [béisbɔ̀ːl]
□

명 야구

미국은 야구의 본고장이다.

America is the home of ______________. 교과서

□ 544 **basketball** [bǽskitbɔ̀ːl]
□

명 농구

그들은 농구를 하고 있다.

They are playing ______________.

□ 545 **soccer** [sɑ́kər]
□

명 축구

축구팀을 만들자!

Let's make a ______________ team! 교과서

□ 546 **catch** [kætʃ]
□

동 잡다, 받다 (caught-caught)

공을 잡다

__________ a ball

□ 547 **win** [win]
□

동 이기다 (won-won)

경주에서 이기다

__________ a race

□ 548 **lose** [lu:z]
□

동 지다; 잃어버리다 (lost-lost)

경기에서 지다

__________ a game

□ 549 **stadium** [stéidiəm]
□

명 경기장

올림픽 경기장

Olympic __________

Culture tip stadium의 어원

stadium은 고대 그리스의 거리를 측정하는 단위 스타디온(stadion)에서 유래했어요. 1 스타디온은 오늘날 기준으로 약 180m를 나타내며, 처음에는 이 거리의 경주를 스타디온이라고 불렀고, 후에 그 경주를 하는 장소를 스타디움으로 부르게 되었어요. 오늘날 stadium은 관람석, 트랙, 필드 등을 함께 갖춘 경기장을 의미해요.

□ 550 **cheer** [tʃiər]

동 환호[응원]하다, 격려하다

그들을 응원하다

__________ for them

□ 551 **practice** [prǽktis]

동 연습하다 명 연습

대회를 위해 열심히 연습하다

__________ hard for a tournament 교과서

□ 552 **rule** [ruːl]

명 규칙

그녀는 규칙을 어기지 않았다.

She didn't break the __________. 교과서

□ 553 **player** [pléiər]

명 선수

야구 선수

a baseball __________

□ 554 **teamwork** [tíːmwə̀ːrk]

명 협동 작업, 팀워크

훌륭한 팀워크

great __________

□ 555 **match** [mætʃ]

명 경기, 시합; 성냥

우리는 시합에서 졌다.

We lost the __________.

□ 556 **hold** [hould]

동 개최하다; 잡다 (held-held)

올림픽을 개최하다

_______________ the Olympics

□ 557 **score** [skɔːr]

명 득점, 점수

최종 득점은 2대 3이었다.

The final _______________ was 2 to 3.

□ 558 **possible** [pásəbl]

형 가능한 ⓑ impossible 불가능한

우리는 그것이 가능하다고 믿는다.

We believe it is _______________. 교과서

Voca tip 운동 경기에서 자주 쓰이는 표현

- the first half (전반전)
- the second half (후반전)
- overtime / extra time (연장전)
- a tie / a draw (동점, 무승부)
- The match ended in a draw. (경기가 무승부로 끝났다.)

Idioms

□ 559 **work out**

운동하다

I **work out** at the gym every morning.

나는 매일 아침 체육관에서 운동한다.

□ 560 **do one's best**

최선을 다하다

He **did his best** to win the game.

그는 그 경기에서 이기기 위해 최선을 다했다.

Exercise

[1~10] 빈칸에 알맞은 단어를 넣어 어구를 완성하세요.

1 대회에서 이기다 ____________ a contest

2 농구 연습 basketball ____________

3 규칙에 따르면 according to the ____________

4 가장 높은 점수 the highest ____________

5 최우수 선수 the most valuable ____________

6 자신감을 잃다 ____________ confidence

7 야구를 하다 play ____________

8 경주를 끝내다 finish the ____________

9 운동에 흥미가 있다 be interested in ____________s

10 모든 가능한 해결책들 all the ____________ solutions

[11~15] 보기에서 알맞은 단어를 골라 문장을 완성하세요.

보기	match	stadium	best	hold	catch

11 She won the tennis ____________. 그녀가 테니스 경기에서 우승했다.

12 Can you ____________ a ball? 너는 공을 잡을 수 있니?

13 The game is held at the main ____________. 경기는 주경기장에서 열린다.

14 They did their ____________ in the final. 그들은 결승전에서 최선을 다했다.

15 The city ____________s a snow festival every year.
그 도시는 매년 눈 축제를 연다.

Day 29 Special Days 특별한 날

Previous Check

- □ gift
- □ weekend
- □ birthday
- □ photo
- □ special
- □ prize
- □ festival
- □ firework
- □ wonderful
- □ holiday
- □ fair
- □ party
- □ guest
- □ invite
- □ meeting
- □ present
- □ volunteer
- □ interview
- □ be going to-v
- □ take place

Day 29 Special Days

□ 561 **gift** [gift]
□

명 선물; 재능, 재주

선물 가게

a ______________ shop

□ 562 **weekend** [wíːkènd]
□

명 주말 ⓑ weekday 평일

너는 이번 주말에 무슨 계획이 있니?

Do you have any plans for this ______________? 교과서

□ 563 **birthday** [bə́ːrθdèi]
□

명 생일

생일 선물

a ______________ gift

□ 564 **photo** [fóutou]
□

명 사진 ⓤ picture

사진을 찍다

take a ______________

□ 565 **special** [spéʃəl]
□

형 특별한

그들은 특별한 선물을 판매한다.

They sell ______________ gifts. 교과서

□ 566 **prize** [praiz]
□

명 상, 상품 ⓤ award

1등상을 받다

win first ______________

☐ 567 **festival** [féstəvəl]

명 축제

영화제

a film ________________

☐ 568 **firework** [fáiərwə̀ːrk]

명 폭죽; (-s) 불꽃놀이

그곳의 불꽃놀이는 멋지다.

The ________________s are amazing there. 교과서

☐ 569 **wonderful** [wʌ́ndərfəl]

형 멋진, 훌륭한

정말 멋지구나!

How ________________ it is! 교과서

☐ 570 **holiday** [hálidèi]

명 휴가, 휴일

여름휴가

the summer ________________

Culture tip holiday vs. vacation

직장의 휴가나 학교의 방학 또는 집을 떠나 여행을 하거나 휴식을 취하며 보내는 시간을 가리킬 때 미국 영어에서는 vacation을 쓰고 영국 영어에서는 holiday를 써요. 미국 영어에서 holiday는 주로 하루 동안의 공휴일을 의미해요.

□ 571 **fair** [fɛər]
□

명 박람회 형 공평한, 공정한

도서 박람회

a book ____________

□ 572 **party** [pá:rti]
□

명 파티

파티를 열자.

Let's have a ____________.

Voca tip party의 종류

- a birthday party (생일잔치)
- a Christmas party (크리스마스 파티)
- a housewarming party (집들이)
- a first-birthday party (돌잔치)
- a welcome party (환영회)
- a farewell party (송별회)

□ 573 **guest** [gest]
□

명 손님, 하객

우리는 손님들을 맞이했다.

We welcomed the ____________s.

□ 574 **invite** [inváit]
□

동 초대하다

내 친구들을 파티에 초대하다

____________ my friends to the party

□ 575 **meeting** [mí:tiŋ]
□

명 회의

나는 사업상 회의가 있다.

I have a business ____________. 교과서

□ 576 **present**
□ [prézənt]

명 선물

선물을 받다

get a ______________

□ 577 **volunteer**
□ [vὰləntíər]

명 자원봉사자 형 자원하는

시립 도서관에서 자원봉사를 하다

do ______________ work at the city library 교과서

□ 578 **interview**
□ [íntərvjù:]

명 인터뷰, 면접 동 인터뷰하다

그들은 공원 관리인을 인터뷰했다.

They ______________ed the park manager. 교과서

Idioms

□ 579 **be going to-v**
□

~할 것이다, ~할 예정이다

I **am going to** go to Children's Park.

나는 어린이 공원에 갈 예정이다.

□ 580 **take place**
□

(행사가) 열리다

An arts festival **takes place** there. 교과서

예술 축제가 거기서 열린다.

Exercise

[1~10] 빈칸에 알맞은 단어를 넣어 어구를 완성하세요.

1	나의 13번째 생일	my 13th ________
2	특별한 방문객들	________ visitors
3	대상을 타다	win the grand ________
4	손님 명단	the ________ list
5	불꽃놀이를 하다	set off ________s
6	공휴일	a national ________
7	훌륭한 저녁 식사	a ________ dinner
8	가족 사진	a family ________
9	크리스마스 선물들	Christmas ________s
10	회의에서	at the ________

[11~15] 보기에서 알맞은 단어를 골라 문장을 완성하세요.

보기	place	party	going	festival	invite

11 I'm ________ to take swimming lessons. 나는 수영 강습을 받을 예정이다.

12 You can ________ your friends. 너는 친구들을 초대해도 된다.

13 The festival will take ________ in October. 그 축제는 10월에 열릴 것이다.

14 We have our school ________ in May. 5월에 학교 축제가 있다.

15 We had fun at the ________. 우리는 파티에서 재미있게 놀았다.

Day 30

Hobbies 취미

Previous Check

□ swim

□ read

□ draw

□ hobby

□ dance

□ free

□ collect

□ paint

□ game

□ favorite

□ enjoy

□ exercise

□ activity

□ hiking

□ fishing

□ camping

□ outdoor

□ interesting

□ have fun

□ take a picture of

Hobbies

□ 581 **swim** [swim]

동 수영하다

바다에서 수영하다

______________ in the sea

□ 582 **read** [riːd]

동 읽다 (read[red]-read[red])

책을 읽다

______________ a book

□ 583 **draw** [drɔː]

동 그리다 (drew-drawn)

그림을 그리다

______________ a picture

□ 584 **hobby** [hábi]

명 취미

취미를 갖다

have a ______________

Voca tip 취미를 묻는 다양한 표현

상대방의 취미가 무엇인지 궁금할 때 우리는 보통 What's your hobby?라는 표현을 사용해서 물어요. 하지만 이 표현 말고도 취미를 묻고 싶을 때 쓸 수 있는 다양한 표현들이 있어요.

- What do you do in your free time?
- How do you spend your spare time?
- What do you like to do for fun?

585 **dance** [dæns]

동 춤추다 명 춤

우리는 춤 동작을 연습한다.

We practice ____________ moves. 교과서

586 **free** [fri:]

형 자유로운; 무료의

자유 시간이 많다

have lots of ____________ time 교과서

587 **collect** [kəlékt]

동 모으다, 수집하다

내 취미는 동전을 모으는 것이다.

My hobby is to ____________ coins.

588 **paint** [peint]

동 칠하다, 그리다 명 (-s) 물감

그는 실제 사물을 정확하게 그리려고 노력했다.

He tried to ____________ real objects exactly. 교과서

589 **game** [geim]

명 게임, 경기

온라인 게임

an online ____________

590 **favorite** [féivərit]

형 마음에 드는, 가장 좋아하는

내가 가장 좋아하는 작가

my ____________ writer

□ 591 **enjoy**
□ [indʒɔ́i]

동 즐기다

나는 요리하는 것을 즐긴다.

I ______________ cooking.

Voca tip

enjoy(즐기다)는 명사나 동명사를 목적어로 갖는 동사예요. enjoy 뒤에 동사가 목적어로 올 때 동명사(-ing)의 형태로 써야 하는 것에 주의하세요.

- I enjoy **cooking**. (○)
- I enjoy **cook**. (×) / I enjoy **to cook**. (×)

□ 592 **exercise**
□ [éksərsàiz]

동 운동하다, 연습하다

많은 사람이 공원에서 운동한다.

A lot of people ______________ at the park. 교과서

□ 593 **activity**
□ [æktívəti]

명 활동

야외 활동

an outdoor ______________

□ 594 **hiking**
□ [háikiŋ]

명 하이킹, 도보 여행

하이킹을 가다

go ______________

□ 595 **fishing**
□ [fíʃiŋ]

명 낚시

나는 아버지와 낚시를 갔다.

I went ________________ with my father. 교과서

□ 596 **camping**
□ [kǽmpiŋ]

명 캠핑, 야영

캠핑 여행을 가다

go on a ________________ trip

□ 597 **outdoor**
□ [áutdɔ̀ːr]

형 옥외[야외]의 ⓑ indoor 실내의

야외 수영장

an ________________ pool

□ 598 **interesting**
□ [íntərəstiŋ]

형 재미있는, 흥미로운 ⓑ boring 지루한

그것은 매우 흥미롭다.

It's very ________________.

Idioms

□ 599 **have fun**
□

즐기다, 즐거운 시간을 보내다

We **had** so much **fun**. 교과서

우리는 매우 즐거운 시간을 보냈다.

□ 600 **take a picture of**
□

~의 사진을 찍다

I **took pictures of** the auroras. 교과서

나는 오로라의 사진을 찍었다.

Exercise

[1~10] 빈칸에 알맞은 단어를 넣어 어구를 완성하세요.

1 흥미 있는 책 an ___________ book

2 즐거운 시간을 보내다 have ___________

3 내가 가장 좋아하는 노래 my ___________ song

4 방과 후 활동 an after-school ___________

5 체스 게임 a ___________ of chess

6 강에서 수영하다 _________ in a river

7 추리 소설을 읽다 _________ mysteries

8 나의 유일한 취미 my only ___________

9 무료 입장 ___________ admission

10 규칙적으로 운동하다 _________ regularly

[11~15] 보기에서 알맞은 단어를 골라 문장을 완성하세요.

보기	enjoy	outdoor	dance	picture	hiking

11 They often go ___________ on weekends. 그들은 주말에 자주 하이킹을 간다.

12 He ___________s watching TV. 그는 TV 보는 것을 즐긴다.

13 She can ___________ well. 그녀는 춤을 잘 춘다.

14 I don't like ___________ activities. 나는 야외 활동을 좋아하지 않는다.

15 The photographer took ___________s of animals.
그 사진작가는 동물의 사진을 찍었다.

Day 31

Culture & Art

문화와 예술

Previous Check

- □ art
- □ music
- □ singer
- □ ticket
- □ film
- □ story
- □ famous
- □ band
- □ actor
- □ actress
- □ painting
- □ stage
- □ artist
- □ magic
- □ novel
- □ concert
- □ role
- □ main
- □ be over
- □ go to the movies

Day 31 Culture & Art

01 02 03 04 05 06 07 08 09 10 11 12 13 14 15 16 17 18 19 20

601 **art** [ɑːrt]

명 미술, 예술

예술 작품

a work of ________________

602 **music** [mjúːzik]

명 음악

음악에 대한 나의 사랑은 이 앨범에서 시작됐다.

My love for ________________ started with this album.

교과서

603 **singer** [síŋər]

명 가수

인기 있는 힙합 가수

a popular hip-hop ________________

604 **ticket** [tíkit]

명 표, 입장권

그 뮤지컬 표를 구하다

get a ________________ for the musical

605 **film** [film]

명 영화 유 movie

부산 국제 영화제

Busan International ________________ Festival

606 **story** [stɔ́ːri]

명 이야기

진짜 이야기, 실화

a true ________________

□ 607 **famous** [féiməs]

형 유명한

그 사진은 유명해졌다.

The picture became ______________. 교과서

□ 608 **band** [bænd]

명 악단, 밴드

학교 밴드

a school ______________

□ 609 **actor** [ǽktər]

명 (남자) 배우

그는 훌륭한 배우이다.

He is a good ______________.

□ 610 **actress** [ǽktris]

명 (여자) 배우

최고의 여배우

the best ______________

Voca tip -ess가 붙는 여성형 명사

- actor (남자) 배우 / actress (여자) 배우
- god 신 / goddess 여신
- prince 왕자 / princess 공주
- steward (남자) 승무원 / stewardess (여자) 승무원
- waiter (남자) 종업원, 웨이터 / waitress (여자) 종업원, 웨이트리스

□□ 611 **painting** [péintiŋ]

명 (물감으로 그린) 그림

그 그림은 그의 고향의 기억을 보여 준다.

The ________________ shows memories of his hometown. 교과서

□□ 612 **stage** [steidʒ]

명 무대; 단계

무대 위에서

on the ________________

□□ 613 **artist** [ɑ́ːrtist]

명 화가, 예술가

훌륭한 예술가

a great ________________

□□ 614 **magic** [mǽdʒik]

명 마법, 마술 형 마법[마술]의

마술 묘기

a ________________ trick

Voca tip magic spell

'해리포터' 시리즈를 보면 수많은 마법 주문들이 등장해요. 마법 주문은 영어로 magic spell이라고 하는데요. spell은 '철자를 말하다[쓰다]'라는 뜻 외에 '주문, 주술'이라는 뜻도 가지고 있어요.

□ 615 **novel** [návəl]
□

명 소설

소설을 쓰다

write a ________

□ 616 **concert** [kánsə(:)rt]
□

명 콘서트, 연주회

11월에 여기서 케이팝 콘서트가 열릴 것이다.

There will be a K-pop ________ here in November. 교과서

□ 617 **role** [roul]
□

명 역할

그 연극에서 너의 역할은 무엇이니?

What's your ________ in the play? 교과서

□ 618 **main** [mein]
□

형 주된

나는 주인공의 아빠를 연기한다.

I play the ________ character's dad. 교과서

Idioms

□ 619 **be over**
□

끝나다

The concert will **be over** at ten.

연주회는 10시에 끝날 것이다.

□ 620 **go to the movies**
□

영화를 보러 가다

I am going to **go to the movies** tomorrow.

나는 내일 영화를 보러 갈 예정이다.

Exercise

[1~10] 빈칸에 알맞은 단어를 넣어 어구를 완성하세요.

1 콘서트 홀 a ___________ hall

2 유명해지다 become ___________

3 인기있는 여배우 a popular ___________

4 고전 음악 classical ___________

5 표를 예매하다 reserve a ___________

6 그의 최근 영화 his latest ___________

7 주연 the leading ___________

8 첫 단계 the first ___________

9 도예와 회화 pottery and ___________

10 그 작가의 새 소설 the author's new ___________

[11~15] 보기에서 알맞은 단어를 골라 문장을 완성하세요.

보기	artist	magic	actor	art	over

11 The game was ___________ at 8. 그 경기는 8시에 끝났다.

12 The kids went to the ___________ show. 아이들은 마술쇼를 보러 갔다.

13 The ___________ is drawing a picture. 화가가 그림을 그리고 있다.

14 He has an interest in ___________. 그는 예술에 관심이 있다.

15 My father was a(n) ___________. 나의 아버지는 배우였다.

Day 32 Shopping 쇼핑

Previous Check

- ☐ buy
- ☐ sell
- ☐ spend
- ☐ list
- ☐ item
- ☐ sale
- ☐ store
- ☐ mall
- ☐ choose
- ☐ pay
- ☐ coupon
- ☐ waste
- ☐ price
- ☐ expensive
- ☐ cheap
- ☐ customer
- ☐ discount
- ☐ useful
- ☐ try on
- ☐ look around

Shopping

621 **buy** [bai]

동 사다, 구입하다 (bought-bought)

모자를 사다

________ a cap

---

622 **sell** [sel]

동 팔다, 팔리다 (sold-sold)

나는 벼룩시장에서 물건을 팔 것이다.

I will ________ things at the flea market. 교과서

---

623 **spend** [spend]

동 (돈을) 쓰다, 소비하다 (spent-spent)

돈을 쓰다

________ money

Voca tip spend의 다양한 쓰임

spend는 시간, 에너지, 노력 등을 쓰거나 들인다고 할 때에도 사용해요.

- spend time (시간을 보내다)
- spend energy (에너지를 소비하다)
- spend effort (노력을 들이다)

---

624 **list** [list]

명 목록

너는 쇼핑 목록을 만들어야 한다.

You should make a shopping ________. 교과서

625 **item** [áitem]

명 **물품, 품목**

훌륭한 패션 물품

a good fashion __________ 교과서

626 **sale** [seil]

명 **판매; 할인 판매**

큰 할인 판매를 하다

have a big __________ 교과서

627 **store** [stɔːr]

명 **가게, 상점** 유 shop

백화점

a department __________

628 **mall** [mɔːl]

명 **쇼핑몰, 쇼핑센터**

인터넷 쇼핑몰

an Internet shopping __________

629 **choose** [tʃuːz]

동 **선택하다, 고르다 (chose-chosen)** 유 pick

하나를 고르다

__________ one

630 **pay** [pei]

동 **지불하다 (paid-paid)**

너는 그 차에 얼마를 지불했니?

How much did you __________ for the car?

□ 631 **coupon** [kjúːpɑn]
□

명 쿠폰, 할인권

이 쿠폰을 사용할 수 있나요?

Can I use this ________________? 교과서

□ 632 **waste** [weist]
□

동 낭비하다 명 낭비 반 save 절약하다

돈을 낭비하지 마라.

Don't ________________ your money.

□ 633 **price** [prais]
□

명 값, 가격

저렴한 가격으로

at a low ________________

□ 634 **expensive** [ikspénsiv]
□

형 비싼

가격이 조금 비싸네요.

It's a little ________________.

□ 635 **cheap** [tʃiːp]
□

형 값싼, 저렴한

이 가구는 매우 저렴하다.

This furniture is very ________________.

636 **customer** [kʌ́stəmər]

명 손님, 고객

단골 고객

a regular ____________

Culture tip Mystery Shopper

미스터리 쇼퍼는 신분을 숨긴 채 일반 고객으로 가장하여 음식점이나 상점 등을 방문하여 물건을 사면서 점원의 친절도, 매장의 서비스와 품질 등에 점수를 매기고 평가를 하는 사람을 가리키는 말이에요.

637 **discount** [dískaunt]

명 할인 동 할인하다

20% 할인을 받다

get a 20 percent ____________ 교과서

638 **useful** [júːsfəl]

형 유용한 유 helpful 반 useless 쓸모없는

모자는 유용하다.

Hats are ____________. 교과서

Idioms

639 **try on**

~을 입어[신어] 보다

Can I **try on** this jacket? 교과서

이 재킷을 입어 볼 수 있나요?

640 **look around**

(주위를) 둘러보다, 구경하다

I enjoy **looking around** in the mall.

나는 쇼핑몰에서 구경하는 것을 즐긴다.

Exercise

[1~10] 빈칸에 알맞은 단어를 넣어 어구를 완성하세요.

1 신선한 채소를 판매하다 __________ fresh vegetables

2 많은 돈을 쓰다 __________ a lot of money

3 음식 값을 지불하다 __________ for a meal

4 손님 명단에서 on the guest __________

5 가격표 a __________ tag

6 신발 가게 a shoe __________

7 새 차를 사다 __________ a new car

8 싼 가격에 at a __________ price

9 유용한 도구들 __________ tools

10 이 모자를 써 보다 __________ on this hat

[11~15] 보기에서 알맞은 단어를 골라 문장을 완성하세요.

보기	coupon	expensive	choose	mall	sale

11 Shoes are on __________ now. 신발이 지금 할인 판매 중이다.

12 Listen and __________ the best answer. 듣고 가장 적절한 답을 선택하세요.

13 She bought a(n) __________ bag. 그녀는 비싼 가방을 샀다.

14 I used a(n) __________ for the book. 나는 책을 사는 데 할인권을 사용했다.

15 Let's go to the __________. 쇼핑센터에 가자.

Day 33

Health 건강

Previous Check

- □ nurse
- □ sick
- □ weak
- □ strong
- □ fever
- □ cough
- □ pain
- □ hospital
- □ headache
- □ medicine
- □ weight
- □ tired
- □ hurt
- □ treat
- □ relax
- □ advice
- □ health
- □ stomach
- □ see a doctor
- □ catch a cold

Day 33

Health

01 02 03 04 05 06 07 08 09 10 11 12 13 14 15 16 17 18 19 20

□ 641 **nurse** [nəːrs]
□

명 간호사

친절한 간호사

a kind ______________

□ 642 **sick** [sik]
□

형 아픈, 병든 유 ill 반 healthy 건강한

나는 매우 아프다.

I'm very ______________. 교과서

□ 643 **weak** [wiːk]
□

형 약한, 힘이 없는

약한 심장

a ______________ heart

□ 644 **strong** [strɔ(ː)ŋ]
□

형 튼튼한, 건강한

튼튼한 몸

a ______________ body

□ 645 **fever** [fíːvər]
□

명 열

그는 열이 많이 난다.

He has a high ______________.

□ 646 **cough** [kɔ(ː)f]
□

명 기침 동 기침하다

기침이 나다

have a ______________

☐ 647 **pain**
☐ [pein]

명 **고통, 통증**

그녀는 등에 통증을 느꼈다.

She felt a ______________ in her back.

☐ 648 **hospital**
☐ [háspitəl]

명 **병원**

종합병원

a general ______________

☐ 649 **headache**
☐ [hédèik]

명 **두통**

나는 두통이 심하다.

I have a bad ______________.

Voca tip 신체 부위 + **ache**

ache는 신체 내부적 요인으로 인한 지속적인 아픔을 말해요.

- stomachache (복통, 배탈)
- toothache (치통)
- backache (요통, 등의 통증)
- earache (귓병)

☐ 650 **medicine**
☐ [médisin]

명 **약, 약물** 유 drug

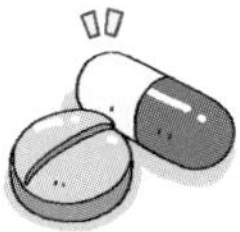

약을 먹다

take ______________

□ 651 **weight** [weit]

명 무게, 체중

그는 체중을 줄이려고 노력하고 있다.

He is trying to lose ______________.

Voca tip overweight vs. underweight

over는 '~ 위에, 위로'라는 뜻이므로 overweight는 '과체중의, 비만의'라는 의미를, under는 '~ 아래에'라는 뜻이므로 underweight는 '저체중의, 체중 미달의'라는 의미를 나타내요.

I am **overweight**. (나는 과체중이야.)

He is **underweight**. (그는 저체중이야.)

□ 652 **tired** [taiərd]

형 피곤한, 지친

나는 매우 피곤하다.

I feel very ______________. 교과서

□ 653 **hurt** [həːrt]

동 다치게 하다; 아프다 (hurt-hurt)

내 무릎을 다치다

______________ my knee

□ 654 **treat** [triːt]

동 치료하다; 다루다, 대하다

그는 최선을 다해서 나의 개를 치료한다.

He does his best to ______________ my dog. 교과서

□ 655 **relax** [rilǽks]
□

명 휴식을 취하다, 쉬다

너는 좀 쉬어야 한다.

You need to ________________.

□ 656 **advice** [ədváis]
□

명 조언, 충고

의사의 조언을 따르다

take your doctor's ________________

□ 657 **health** [helθ]
□

명 건강

햄버거는 너의 건강에 좋지 않다.

Hamburgers are not good for your ________________. 교과서

□ 658 **stomach** [stʌ́mək]
□

명 위, 배

배가(속이) 이상하다.

My ________________ feels funny. 교과서

Idioms

□ 659 **see a doctor**
□

병원에 가다, 진찰을 받다

I should **see a doctor** tomorrow. 교과서

나는 내일 병원에 가야 한다.

□ 660 **catch a cold**
□

감기에 걸리다 유 have a cold

It was really cold, but I didn't **catch a cold**.

매우 추웠지만, 나는 감기에 걸리지 않았다.

Exercise

[1~10] 빈칸에 알맞은 단어를 넣어 어구를 완성하세요.

1 매우 아프다 — be very ___________

2 강해지다 — become ___________

3 약점 — a ___________ point

4 병원에 입원하다 — be in the ___________

5 체중이 늘다, 살이 찌다 — gain ___________

6 극심한 두통 — a terrible ___________

7 열을 내리다 — reduce a ___________

8 기침약 — medicine for a ___________

9 의학적 조언 — medical ___________

10 질병을 치료하다 — ___________ diseases

[11~15] 보기에서 알맞은 단어를 골라 문장을 완성하세요.

보기	doctor	pain	hurt	medicine	health

11 He is having a ___________ check. 그는 건강 검진을 받고 있다.

12 Take this ___________ twice a day. 하루에 두 번 이 약을 먹어라.

13 He ___________ his leg. 그는 다리를 다쳤다.

14 I'm in a lot of ___________. 나는 고통이 심하다.

15 He went to see a ___________ this morning.
그는 오늘 오전에 진료를 받으러 갔다.

Day 34

Plants 식물

Previous Check

- □ grass
- □ flower
- □ tree
- □ leaf
- □ stone
- □ wood
- □ fruit
- □ branch
- □ ground
- □ soil
- □ field
- □ farm
- □ water
- □ dig
- □ grow
- □ plant
- □ bean
- □ vegetable
- □ right away
- □ pick up

Day 34

Plants

01 02 03 04 05 06 07 08 09 10 11 12 13 14 15 16 17 18 19 20

661 **grass** [græs]

명 풀, 잔디

그녀는 잔디 위에 누워 있었다.

She lay on the ______________.

---

662 **flower** [fláuər]

명 꽃

아름다운 꽃

a beautiful ______________

---

663 **tree** [triː]

명 나무

나무를 베다

cut down ______________s 교과서

---

664 **leaf** [liːf]

명 잎, 나뭇잎 복 leaves

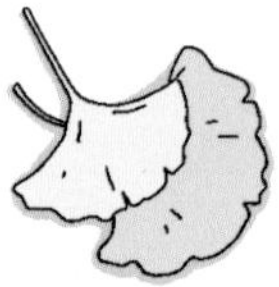

노란 나뭇잎

a yellow ______________

---

665 **stone** [stoun]

명 돌 유 rock

돌담

______________ walls

---

666 **wood** [wud]

명 나무, 목재; (-s) 숲

숲을 통과해서 걸어가자.

Let's walk through the ______________s. 교과서

667 **fruit** [fruːt]

명 **과일, 열매**

신선한 과일을 먹다

eat fresh ______________ 교과서

668 **branch** [bræntʃ]

명 **나뭇가지**

나뭇가지 위에

on a ______________

669 **ground** [graund]

명 **땅, 토양**

알 하나가 땅으로 떨어졌다.

One egg fell to the ______________. 교과서

670 **soil** [sɔil]

명 **토양, 흙**

기름진 토양

rich ______________

Voca tip ground vs. soil

ground는 the ground의 형태로 사용하여 '땅바닥, 지면'의 의미로 주로 쓰이고 '땅, 토양'의 의미로 쓰이기도 해요. 반면 soil은 '땅바닥'의 의미로는 쓰이지 않고 땅 위의 표면을 형성하는 '흙, 토양'의 의미를 나타내요.

☐ 671 **field** [fi:ld]
☐

명 들판, 밭; 현장; 경기장

너는 녹색 들판에서 소들을 볼 수 있다.

You can see cows in the green ________.

☐ 672 **farm** [fɑ:rm]
☐

명 농장, 농원

동물 농장

animal ________

☐ 673 **water** [wɔ́:tər]
☐

명 물 동 물을 주다

정원에 물을 주다

________ the garden

☐ 674 **dig** [dig]
☐

동 파다, 캐내다 (dug-dug)

구덩이를 파다

________ a hole

☐ 675 **grow** [grou]
☐

동 재배하다, 기르다; 자라다 (grew-grown)

나는 다양한 종류의 꽃을 키울 것이다.

I'll ________ different kinds of flowers. 교과서

□ 676 **plant** [plænt]
□

명 식물 동 심다

식물은 햇빛이 필요하다.

____________s need sunlight.

Voca tip plant의 종류

- a water plant: 수생 식물(물에서 자라는 식물)
- a yearly plant: 1년생 식물, 한해살이 식물
- a garden plant: 원예 식물, 정원수
- a pot plant: 화분에 심어 실내에서 키우는 식물

□ 677 **bean** [biːn]
□

명 콩

몇몇 과학자들은 콩을 사용해서 고기를 만들었다.

Some scientists used ____________s to make meat. 교과서

□ 678 **vegetable** [védʒitəbl]
□

명 채소

녹색 채소

green ____________s

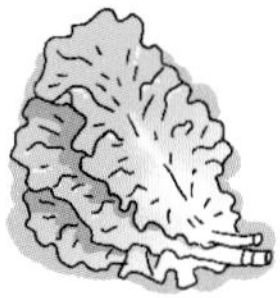

Idioms

□ 679 **right away**
□

즉시, 곧바로

I'll send the letter **right away**.

나는 그 편지를 즉시 보낼 것이다.

□ 680 **pick up**
□

~을 집다; ~을 (차에) 태우러 가다

The elephant **picked up** the apple with his long nose.

그 코끼리는 긴 코를 사용해서 사과를 집었다. 교과서

Exercise

[1~10] 빈칸에 알맞은 단어를 넣어 어구를 완성하세요.

1 논 a rice ____________

2 꽃의 줄기 the stem of a ____________

3 잔디를 밟다 step on the ____________

4 단풍잎 a maple ____________

5 젖은 땅 the wet ____________

6 나무를 오르다 climb a ____________

7 디딤돌 a stepping ____________

8 숲속에 in the ____________s

9 건조한 토양 dry ____________

10 고구마를 캐다 ____________ sweet potatoes

[11~15] 보기에서 알맞은 단어를 골라 문장을 완성하세요.

보기	plant	away	water	grow	farm

11 The farmer ____________s potatoes. 그 농부는 감자를 재배한다.

12 She is ____________ing the plants. 그녀는 식물에 물을 주고 있다.

13 My uncle has a big ____________. 나의 삼촌은 큰 농장을 갖고 있다.

14 She ____________ed roses in the yard. 그녀는 마당에 장미를 심었다.

15 You need to leave right ____________. 너는 지금 당장 출발해야 한다.

Day 35

Animals 동물

Previous Check

- □ bee
- □ fly
- □ wolf
- □ monkey
- □ elephant
- □ zebra
- □ whale
- □ chicken
- □ snake
- □ mouse
- □ sheep
- □ giraffe
- □ wild
- □ animal
- □ hunt
- □ tail
- □ colorful
- □ feed
- □ by the way
- □ look for

Day 35

Animals

01 02 03 04 05 06 07 08 09 10 11 12 13 14 15 16 17 18 19 20

□ 681 **bee** [biː]

명 벌

꿀벌

a honey ________

□ 682 **fly** [flai]

명 파리 동 날다

파리 한 마리가 내 다리에 앉아 있다.

A ________ is sitting on my leg. 교과서

□ 683 **wolf** [wulf]

명 늑대 복 wolves

늑대 한 마리가 나타났다.

A ________ appeared.

Voca tip wolf와 관련된 표현

- a lone wolf: 혼자 있는 것을 좋아하는 사람
- a wolf in sheep's clothing: 양의 탈을 쓴 늑대
- to see a wolf: (무서워서) 말문이 막히다

□ 684 **monkey** [mʌ́ŋki]

명 원숭이

영리한 원숭이

a clever ________

□ 685 **elephant**
□ [éləfənt]

명 **코끼리**

코끼리는 많이 먹는다.

__________s eat a lot. 교과서

□ 686 **zebra**
□ [zí:brə]

명 **얼룩말**

얼룩말은 줄무늬가 있다.

__________s have stripes.

□ 687 **whale**
□ [*h*weil]

명 **고래**

흰긴수염고래

a blue __________

□ 688 **chicken**
□ [tʃíkən]

명 **닭**

이 닭은 매일 아침 알을 낳는다.

This __________ lays eggs every morning.

□ 689 **snake**
□ [sneik]

명 **뱀**

그 뱀은 독이 있다.

The __________ has a poison.

□ 690 **mouse**
□ [maus]

명 **쥐, 생쥐** 복 mice

쥐덫

a __________ trap

□ 691 **sheep** [ʃiːp]
□

명 양 복 sheep

양떼

a flock of ________

□ 692 **giraffe** [dʒəræ̃f]
□

명 기린

동물원에 있는 기린

the ________ in the zoo

□ 693 **wild** [waild]
□

형 야생의

야생 동물들을 보호하다

protect ________ animals 교과서

□ 694 **animal** [ǽnəməl]
□

명 동물

몇몇 동물들은 무리지어 산다.

Some ________s live in groups. 교과서

Voca tip 동물과 관련된 표현

- Monkey see, monkey do.
  본 것을 금방 따라 하는 원숭이처럼 남의 것을 '따라 하다'라는 의미로 쓰여요.
- I have a frog in my throat.
  '내 목에 개구리가 있다.'라는 뜻인데요, 목이 쉬거나 잠겼을 때 '나 목이 쉬었어.'라는 의미로 사용하는 표현이에요.

□ 695 **hunt** [hʌnt]
□

동 사냥하다

많은 박쥐들은 밤에 사냥한다.

Many bats ______________ at night.

□ 696 **tail** [teil]
□

명 꼬리

꼬리를 흔들다

wag its ______________

□ 697 **colorful** [kʌ́lərfəl]
□

형 알록달록한, 다채로운

알록달록한 새들이 노래한다.

______________ birds sing. 교과서

□ 698 **feed** [fiːd]
□

동 먹이를 주다 (fed-fed)

송아지들에게 먹이를 주다

______________ baby cows

Idioms

□ 699 **by the way**
□

그런데, 그나저나

그런데, 이 동물은 무엇이니?

What is this animal, **by the way**?

□ 700 **look for**
□

~을 찾다

미어캣들이 먹이를 찾고 있다.

Meerkats are **looking for** food. 교과서

Exercise

[1~10] 빈칸에 알맞은 단어를 넣어 어구를 완성하세요.

1 일벌 a worker ___________

2 아기 코끼리 a baby ___________

3 짧은 꼬리 a short ___________

4 잃어버린 양 the lost ___________

5 쥐를 잡다 catch a ___________

6 동물 권리 ___________ rights

7 알록달록한 의상 ___________ costumes

8 닭장 a ___________ house

9 새들에게 먹이를 주다 ___________ the birds

10 야생화 ___________ flowers

[11~15] 보기에서 알맞은 단어를 골라 문장을 완성하세요.

보기	giraffe	hunt	way	whale	look

11 Bears ___________ for food in the river. 곰은 강에서 먹이를 사냥한다.

12 I was ___________ing for my cell phone. 나는 내 휴대 전화를 찾고 있었다.

13 ___________s have long necks. 기린은 목이 길다.

14 By the ___________, what are your vacation plans?
그건 그렇고, 너의 휴가 계획은 뭐니?

15 The tourists saw a ___________ in the sea.
관광객들은 바다에서 고래 한 마리를 봤다.

Day 36

Nature 자연

Previous Check

□ hill	□ island	□ nature
□ land	□ jungle	□ mystery
□ river	□ mountain	□ wave
□ lake	□ pond	□ discover
□ desert	□ ocean	□ look at
□ forest	□ cave	□ take turns
□ valley	□ polar	

Nature

□ 701 **hill** [hil]
□

명 언덕

언덕 위에

on the ______________

□ 702 **land** [lænd]
□

명 육지, 땅

그곳에는 땅이 전혀 없다.

There isn't any ______________ there. 교과서

□ 703 **river** [rivər]
□

명 강

강을 건너다

cross a ______________

□ 704 **lake** [leik]
□

명 호수

나는 호수에 빠졌다.

I fell into the ______________. 교과서

□ 705 **desert** [dézərt]
□

명 사막

뜨겁고 건조한 사막

a hot and dry ______________

Voca tip desert vs. dessert

desert(사막)와 생김새가 비슷하여 혼동을 일으키는 단어가 있어요. 바로 식사가 끝난 후에 나오는 케이크, 푸딩, 과일 같은 달콤한 음식을 가리키는 dessert(디저트, 후식)랍니다. s가 하나만 쓰이는 desert는 [dézərt](데저트)라고 발음하고, s가 두 개 쓰이는 dessert는 [dizə́ːrt](디저트)라고 발음해요.

□ 706 **forest** [fɔ́(:)rist]

명 숲 유 woods

숲에서 야영하다

camp in the ______________

□ 707 **valley** [vǽli]

명 계곡, 골짜기

깊은 골짜기

a deep ______________

□ 708 **island** [áilənd]

명 섬

독도는 많은 섬들이 있다.

Dokdo has many ______________s. 교과서

□ 709 **jungle** [dʒʌ́ŋgl]

명 밀림, 정글

정글을 탐험하라!

Explore the ______________! 교과서

□ 710 **mountain** [máuntən]

명 산

높은 산

a high ______________

711 **pond** [pɑnd]

명 **연못**

오리들이 연못 옆을 걷고 있었다.
Ducks were walking by the ______________. 교과서

---

712 **ocean** [óuʃən]

명 **대양, 바다**

대양에는 많은 흥미로운 물고기가 있다.
There are lots of interesting fish in the ______________. 교과서

Voca tip **The Five Oceans of the World** (세계의 5대양)

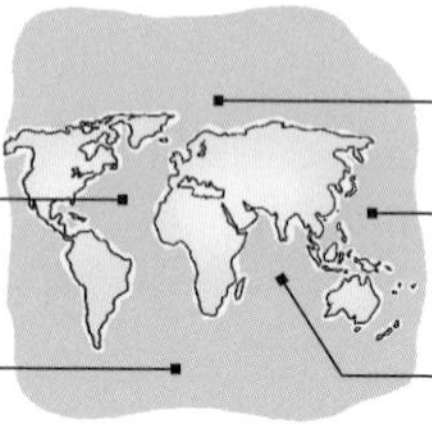

---

713 **cave** [keiv]

명 **동굴**

지하 동굴
an underground ______________

---

714 **polar** [póulər]

형 **북극[남극]의**

북극곰
a ______________ bear

□ 715 **nature** [néitʃər]

명 자연

자연의 법칙

the law of ________________

□ 716 **mystery** [místəri]

명 미스터리, 불가사의

미스터리를 풀다

solve the ________________

□ 717 **wave** [weiv]

명 파도, 물결 통 흔들다

바다에서는 파도가 매우 거세다.

In the sea, the ________________s are too strong. 교과서

□ 718 **discover** [diskʌ́vər]

통 발견하다 유 find

그는 새로운 해양 동물을 발견했다.

He ________________ed new marine animals.

Idioms

□ 719 **look at**

~을 보다

Look at the moon in the sky. 교과서

하늘의 달을 봐.

□ 720 **take turns**

교대로 하다

They **take turns** warming their eggs.

그들은 교대로 자신들의 알을 품는다.

Exercise

[1~10] 빈칸에 알맞은 단어를 넣어 어구를 완성하세요.

1 계곡 전체 the whole ___________

2 낮은 언덕 a low ___________

3 사막을 건너다 cross the ___________

4 비옥한 땅 a fertile ___________

5 동굴 입구 the mouth of a ___________

6 강을 따라서 along the ___________

7 호수를 가로질러 across the ___________

8 바닷물의 수위 ___________ levels

9 자연을 보호하다 protect ___________

10 거대한 파도 a huge ___________

[11~15] 보기에서 알맞은 단어를 골라 문장을 완성하세요.

보기	jungle	island	turns	forest	mountain

11 There is a cabin in the ___________. 숲속에 오두막이 하나 있다.

12 They take ___________ watering the plants. 그들은 교대로 식물에 물을 준다.

13 Jejudo is a beautiful ___________. 제주도는 아름다운 섬이다.

14 The ___________ is covered with snow. 그 산은 눈으로 덮여 있다.

15 Tarzan lived in the ___________. 타잔은 정글에 살았다.

Day 37

Weather 날씨

Previous Check

□ warm
□ cold
□ cool
□ hot
□ rain
□ snow
□ clear
□ sunny
□ windy
□ cloudy
□ spring
□ summer
□ fall
□ winter
□ season
□ blow
□ weather
□ forecast
□ at first
□ all day (long)

Day 37 Weather

01 02 03 04 05 06 07 08 09 10 11 12 13 14 15 16 17 18 19 20

□ 721 **warm** [wɔːrm]

형 따뜻한

따뜻한 바람

a ______________ wind

□ 722 **cold** [kould]

형 추운, 차가운

공기가 매우 차갑다.

The air is very ______________. 교과서

□ 723 **cool** [kuːl]

형 시원한; 멋진

시원한 산들바람

a ______________ breeze

□ 724 **hot** [hɑt]

형 더운, 뜨거운

뜨거운 태양 아래에서

in the ______________ sun

□ 725 **rain** [rein]

동 비가 오다 명 비

폭우가 쏟아졌다.

Heavy ______________ poured down. 교과서

Voca tip

• It is raining **cats and dogs**.
비가 굉장히 많이 내릴 때 쓰는 표현으로, '비가 억수같이 퍼붓는다.'라는 의미로 쓰여요.

• It is raining **on and off**.
'비가 오다 말다를 반복하다.'는 의미로 스위치가 켜졌다(on) 꺼졌다(off)를 반복하는 것처럼 변덕스러운 날씨를 표현할 때 쓰여요.

□ 726 **snow** [snou]

통 눈이 오다 명 눈

여기는 눈이 많이 오지 않는다.

It does not ________________ very much here. 교과서

□ 727 **clear** [kliər]

형 (날씨가) 맑은

맑고 파란 하늘

a ________________ blue sky 교과서

□ 728 **sunny** [sʌ́ni]

형 화창한

밖은 화창하다.

It's ________________ outside. 교과서

□ 729 **windy** [wíndi]

형 바람이 많이 부는

춥고 바람이 많이 분다.

It's cold and ________________.

□ 730 **cloudy** [kláudi]

형 흐린, 구름 낀

오늘은 날이 흐리다.

It's ________________ today.

□ 731 **spring** [spriŋ]
□

명 봄

올해는 봄이 일찍 왔다.

_______________ came early this year.

□ 732 **summer** [sʌ́mər]
□

명 여름

더운 여름날이었다.

It was a hot _______________ day. 교과서

□ 733 **fall** [fɔːl]
□

명 가을 동 떨어지다 (fell-fallen)

가을에는 잎들이 색을 바꾼다.

Leaves change color in _______________.

□ 734 **winter** [wíntər]
□

명 겨울

나는 겨울 스포츠를 좋아한다.

I like _______________ sports. 교과서

□ 735 **season** [síːzn]
□

명 계절; 시기, 철

장마철에

in the rainy _______________ 교과서

□ 736 **blow**
□ [blou]

동 (바람이) 불다 (blew-blown)

찬바람이 분다.

A cold wind ________________ s.

□ 737 **weather**
□ [wéðər]

명 날씨, 기상

거기 날씨는 어떤가요?

What's the ________________ like there? 교과서

Voca tip

under the weather는 '몸이 좋지 않은, 몸이 찌뿌드드한'이라는 의미를 갖는 표현이에요.

- I am **under the weather**. (나는 몸이 좋지 않다.)
- You look **under the weather**. (너는 몸이 안 좋아 보인다.)

□ 738 **forecast**
□ [fɔ́:rkæ̀st]

명 예측, 예보 동 예측하다

일기 예보를 확인하다

check the weather ________________ 교과서

Idioms

□ 739 **at first**
□

처음에

It wasn't snowing **at first**.

처음에는 눈이 오고 있지 않았다.

□ 740 **all day (long)**
□

하루 종일

It'll rain **all day long** today. 교과서

오늘은 하루 종일 비가 올 것이다.

Exercise

[1~10] 빈칸에 알맞은 단어를 넣어 어구를 완성하세요.

1 보슬비 a light ________

2 사계절 four ________s

3 바람 부는 날 a ________ day

4 (바람이) 강하게 불다 ________ strongly

5 떨어지는 나뭇잎들 ________ing leaves

6 몹시 추운 겨울밤 a freezing ________ night

7 덥고 습한 ________ and humid

8 봄에 in the ________

9 다음 주 일기 예보 the weather ________ for next week

10 여름 방학 ________ vacation

[11~15] 보기에서 알맞은 단어를 골라 문장을 완성하세요.

보기	long	sunny	first	weather	cloudy

11 What's the ________ like today? 오늘 날씨가 어떠니?

12 The child was shy at ________. 그 아이는 처음에는 수줍어했다.

13 It's ________ today in Seoul. 서울은 오늘 날씨가 흐리다.

14 It was a bright and ________ day. 밝고 화창한 날이었다.

15 We stayed at home all day ________. 우리는 하루 종일 집에 있었다.

Day 38 Society 사회

Previous Check

- □ event
- □ start
- □ end
- □ enter
- □ luck
- □ important
- □ building
- □ law
- □ history
- □ hometown
- □ local
- □ create
- □ project
- □ citizen
- □ president
- □ information
- □ program
- □ traditional
- □ ask for
- □ these days

Society

□ 741 **event** [ivént]
□

명 사건, 행사

국가적 행사

a national ______________

□ 742 **start** [stɑːrt]
□

동 시작하다 ㊌ begin **명** 시작

새로운 삶을 시작하다

______________ a new life 교과서

□ 743 **end** [end]
□

동 끝나다 **명** 끝, 결말

그 이야기는 거기서 끝나지 않는다.

The story doesn't ______________ there. 교과서

□ 744 **enter** [éntər]
□

동 들어가다; 참가하다

축구 대회에 참가하다

______________ a soccer tournament 교과서

□ 745 **luck** [lʌk]
□

명 행운, 운

서로에게 행운을 빌다

wish each other good ______________

Voca tip

숫자 7이나 네잎클로버처럼 2달러 지폐는 미국에서 행운의 상징이에요. 미국인들의 지갑 속에서 2달러 지폐를 흔히 볼 수 있어요. 2달러 지폐는 발행수가 많지 않아 희소성이 있는데다가 여배우 그레이스 켈리가 동료 배우에게 2달러 지폐를 선물 받고 모나코의 왕비가 되면서 행운의 상징으로 자리 잡게 됐어요.

□ 746 **important**
□ [impɔ́ːrtənt]

형 중요한

중요한 발견

an ______________ discovery 교과서

□ 747 **building**
□ [bíldiŋ]

명 건물

그 궁전에는 많은 다채로운 건물들이 있다.

The palace has many colorful ______________s. 교과서

□ 748 **law**
□ [lɔː]

명 법

그는 법을 공부하기 위해 대학에 갔다.

He went to college to study ______________.

□ 749 **history**
□ [hístəri]

명 역사

역사 박물관을 방문하다

visit the ______________ museum

□ 750 **hometown**
□ [hóumtáun]

명 고향

그는 항상 자신의 고향을 그리워했다.

He always missed his ______________. 교과서

751 **local** [lóukəl]

형 지역의, 현지의

지역 시장

a ________ market

752 **create** [kriéit]

동 창조하다, 만들다

로봇을 만들다

________ a robot

753 **project** [prádʒekt]

명 계획; 연구 과제

나는 과학 과제를 하고 있다.

I'm doing a science ________.

754 **citizen** [sítizən]

명 시민, 국민

좋은 시민이 되자.

Let's be good ________s. 교과서

755 **president** [prézidənt]

명 대통령; 회장

미국 대통령을 만나다

meet the U.S. ________

756 **information** [ìnfərméiʃən]

명 정보, 자료

더 많은 정보를 얻다

get more ____________

757 **program** [próugræm]

명 (TV 등의) 프로그램

나는 음악 프로그램 보는 것을 좋아한다.

I love to watch music ____________s. 교과서

758 **traditional** [trədíʃənəl]

형 전통적인

한지는 전통적인 한국 종이이다.

Hanji is a ____________ Korean paper. 교과서

Idioms

759 **ask for**

~을 요청[요구]하다

I will go and **ask for** help.

내가 가서 도움을 요청할게.

760 **these days**

요즘

These days this park is getting dirty. 교과서

요즘 이 공원이 지저분해지고 있다.

Exercise

[1~10] 빈칸에 알맞은 단어를 넣어 어구를 완성하세요.

1 법에 따르면 according to the ___________

2 영화의 결말 the ___________ of the movie

3 그의 고향을 방문하다 visit his ___________

4 나에게 행운을 빌어 주다 wish me good ___________

5 경연 대회에 참가하다 _________ a contest

6 중대한 사건 a big ___________

7 지역 주민들 ___________ residents

8 호주 시민 an Australian ___________

9 중요한 교훈 an ___________ lesson

10 전통 음식 ___________ food

[11~15] 보기에서 알맞은 단어를 골라 문장을 완성하세요.

보기	these	ask	start	project	information

11 He is very busy ___________ days. 그는 요즘 매우 바쁘다.

12 I ___________ed for his advice on the matter.
나는 그 문제에 대해 그의 조언을 요청했다.

13 For more ___________, visit our website.
더 많은 정보가 필요하면, 우리 웹사이트를 방문하세요.

14 They finished a big joint ___________.
그들은 아주 큰 공동 연구 과제를 끝마쳤다.

15 Some people ___________ work early in the morning.
어떤 사람들은 아침 일찍 일을 시작한다.

Day 39

Environment 환경

Previous Check

- □ air
- □ fire
- □ sand
- □ rock
- □ earth
- □ power
- □ glass
- □ reuse
- □ recycle
- □ plastic
- □ trash
- □ save
- □ energy
- □ bill
- □ protect
- □ dangerous
- □ float
- □ environment
- □ throw away
- □ be worried about

Environment

□ 761 **air** [εər]

명 공기, 대기

공기가 신선하다.

The ________ feels fresh.

□ 762 **fire** [fáiər]

명 불; 화재

불을 끄다

put out a ________

□ 763 **sand** [sænd]

명 모래

황사

yellow ________

□ 764 **rock** [rɑk]

명 바위, 암석

거대한 암석

a huge ________

□ 765 **earth** [əːrθ]

명 지구

지구는 태양 주위를 돈다.

The ________ goes around the Sun. 교과서

□ 766 **power** [páuər]

명 힘; 동력

풍력 발전소

a wind ________ plant

□ 767 **glass** [glæs]
□

명 유리; 유리잔; (-es) 안경

우리는 해변에서 깨진 유리를 종종 발견한다.

We often find some broken ______________ on the beach.

□ 768 **reuse** [riːjúːz]
□

동 재사용하다 명 재사용

병을 재사용하다

______________ bottles

□ 769 **recycle** [riːsáikl]
□

동 재활용하다 명 재활용

종이를 재활용하다

______________ paper

Culture tip 다양한 친환경 활동

- 3R: Reduce, Reuse, Recycle (줄이고, 다시 쓰고, 재활용하기)
- Zero Waste (쓰레기 배출량을 줄이기)
- Refill Station: 재활용이 가능한 물품을 회수하고, 친환경 제품과 식재료, 화장품, 세제 등 리필이 가능한 제품을 판매해요. 제품을 담아갈 용기를 매장에 가져가 살균과 소독을 한 후, 용기 무게를 0g으로 맞추고, 제품을 필요한 만큼 덜어서 구매하면 돼요.

□ 770 **plastic** [plǽstik]
□

명 플라스틱

우리는 너무 많은 플라스틱을 사용한다.

We use too much ______________. 교과서

771 **trash** [træʃ]

명 쓰레기 유 garbage

몇몇 십 대들이 아무데나 쓰레기를 두고 온다.

Some teens leave ______________ everywhere. 교과서

---

772 **save** [seiv]

동 구하다; 절약하다; 저축하다 반 waste 낭비하다

물을 절약하자!

Let's ______________ water!

---

773 **energy** [énərdʒi]

명 에너지

에너지를 낭비하지 마라.

Don't waste ______________.

Voca tip Green Energy

공해 물질을 만들어 내지 않아 환경을 오염시키지 않는 에너지를 green energy(그린[청정] 에너지)라고 해요. 태양의 열을 이용하는 태양열, 지구 내부의 열을 이용하는 지열, 바람의 힘을 이용하는 풍력, 바닷물의 조수간만의 차를 이용하는 조력 등이 green energy에 속해요.

---

774 **bill** [bil]

명 청구서, 계산서; 지폐

수도 요금 청구서

the water ______________

775 **protect** [prətékt]

동 **보호하다, 지키다**

환경을 보호하다

__________ the environment

---

776 **dangerous** [déindʒərəs]

형 **위험한** 반 safe 안전한

그들은 위험한 야생 사막에서 산다.

They live in a __________ wild desert. 교과서

---

777 **float** [flout]

동 **(물 위에) 뜨다, 띄우다** 반 sink 가라앉다

인간의 쓰레기가 대양을 떠다니고 있다.

Human garbage is __________ing around in the ocean. 교과서

---

778 **environment** [inváirənmənt]

명 **환경**

자연 환경

natural __________

Idioms

779 **throw away**

버리다, 내던지다

Don't **throw away** your old clothes. 교과서

너의 낡은 옷을 버리지 마.

---

780 **be worried about**

~에 대해 걱정하다

He **is worried about** the sea turtles.

그는 바다 거북이에 대해 걱정한다.

Exercise

[1~10] 빈칸에 알맞은 단어를 넣어 어구를 완성하세요.

1 힘과 자신감 __________ and confidence

2 시원한 물 한 잔 a __________ of cold water

3 바위에 낀 이끼 moss on a __________

4 지구상에서(의) on __________

5 캔을 재활용하다 __________ cans

6 오염된 공기 polluted __________

7 (계산서대로) 돈을 내다 pay the __________

8 쓰레기통 a __________ bin

9 해양을 보호하다 __________ the ocean

10 떠 있는 섬 a __________ing island

[11~15] 보기에서 알맞은 단어를 골라 문장을 완성하세요.

보기	energy	reuse	worried	save	sand

11 You should __________ water. 너는 물을 아껴야 한다.

12 There is only __________ in the desert. 사막에는 모래뿐이다.

13 Can we __________ the bottle? 병을 재사용할 수 있니?

14 It is a waste of __________. 그것은 에너지 낭비이다.

15 They are __________ about the midterm exams.
그들은 중간고사에 대해 걱정하고 있다.

Day 40

The World 세계

Previous Check

- □ help
- □ human
- □ country
- □ peace
- □ war
- □ website
- □ spread
- □ chat
- □ post
- □ online
- □ explore
- □ palace
- □ actually
- □ science
- □ culture
- □ universe
- □ language
- □ foreigner
- □ believe in
- □ around the world

Day 40

The World

01 02 03 04 05 06 07 08 09 10 11 12 13 14 15 16 17 18 19 20

□ 781 **help** [help]
□

동 돕다 명 도움

가정용 로봇은 우리를 많이 도울 것이다.

Home robots will ______________ us a lot. 교과서

□ 782 **human** [hjúːmən]
□

명 인간, 사람

어떤 동물들은 인간처럼 도구를 사용할 수 있다.

Some animals can use tools like ______________s.

□ 783 **country** [kʌ́ntri]
□

명 나라; 시골

우리나라는 매우 긴 해안선이 있다.

Our ______________ has a very long coastline. 교과서

□ 784 **peace** [piːs]
□

명 평화

그녀는 세계 평화를 위해 일하고 있다.

She is working for world ______________.

□ 785 **war** [wɔːr]
□

명 전쟁

그 전쟁은 끝났다.

The ______________ was over.

□ 786 **website** [wébsait]
□

명 웹사이트

도서관 웹사이트에서 전자책을 빌리다

borrow e-books on the library ______________

교과서

787 **spread** [spred]

동 퍼지다; 퍼뜨리다 (spread-spread)

그 바이러스는 이메일을 통해 빠르게 퍼진다.

The virus ______________s quickly through email.

788 **chat** [tʃæt]

동 수다 떨다, 채팅하다 명 잡담, 수다

온라인으로 채팅하다

______________ online

Voca tip chat이 쓰인 다양한 표현

- video chat (화상 채팅)
- chat site (인터넷 채팅 사이트)
- chat room (인터넷 대화방, 채팅 룸)
- to close the chat window (대화창을 닫다)

789 **post** [poust]

동 (웹사이트에) 올리다, 게시하다

나는 나의 블로그에 비디오 클립을 올린다.

I ______________ video clips on my blog. 교과서

790 **online** [ɑ:nlain]

형 온라인의 부 온라인으로 반 offline 오프라인의[으로]

로봇 공학에 대한 온라인 수업을 듣다

study ______________ lessons about robotics 교과서

791 **explore** [ikspl5:r]

동 탐험하다, 답사하다

다른 나라들을 탐험하다

______________ other countries

792 **palace** [pǽlis]

명 궁전

많은 왕들은 이 아름다운 궁전을 사랑했다.

Many kings loved this beautiful ______________. 교과서

Culture tip Buckingham Palace

버킹엄 궁전은 영국 왕실의 사무실이자 집이며, 국빈을 맞이하는 공식적인 장소예요. 버킹엄 공작의 저택을 조지 3세가 구입하여 왕실 건물이 되었어요. 1837년에 빅토리아 여왕이 처음으로 이 궁전에 거주하였고, 그 후 역대 국왕들의 거처로 쓰여 명실상부한 영국 왕실이 되었어요. 여왕이 궁전에 있을 때는 궁전 중앙의 게양대에 Royal Standard(왕의 깃발)가 내걸려요. 버킹엄 궁전의 하이라이트는 근위병 교대식으로, 교대식이 벌어지는 동안 궁전 앞은 차량이 통제되고 퍼레이드가 펼쳐져요.

793 **actually** [ǽktʃuəli]

부 사실은; 실제로

사실은, 단 하나의 신데렐라 이야기만 있지는 않다.

______________, there isn't just one Cinderella story. 교과서

794 **science** [sáiəns]

명 과학

과학 박람회를 열다

hold a ______________ fair 교과서

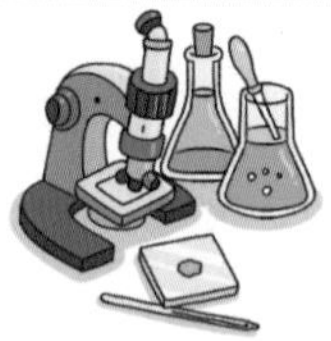

795 **culture** [kʌ́ltʃər]

명 문화

다른 문화들을 경험하다

experience different ______________s 교과서

□ 796 **universe** [júːnəvə̀ːrs]

명 우주

지구는 우주의 중심이 아니다.

Earth is not the center of the ________. 교과서

□ 797 **language** [lǽŋgwidʒ]

명 언어, 말

새로운 언어를 배우다

learn a new ________

□ 798 **foreigner** [fɔ́(ː)rinər]

명 외국인

파란 눈의 외국인

a blue-eyed ________

Idioms

□ 799 **believe in**

~을 믿다

I **believe in** ghosts. 교과서

나는 유령의 존재를 믿는다.

□ 800 **around the world**

전 세계에 ㊌ all over the world

People travel **around the world**. 교과서

사람들은 전 세계를 여행한다.

Exercise

[1~10] 빈칸에 알맞은 단어를 넣어 어구를 완성하세요.

1	전화로 수다를 떨다	__________ on the phone
2	사진을 게시하다	__________ a picture
3	온라인으로 표를 예매하다	reserve tickets __________
4	급속히 퍼지다	__________ rapidly
5	개발도상국	a developing __________
6	평화의 시대	a period of __________
7	전쟁에서 이기다	win the __________
8	새 웹사이트 주소	a new __________ address
9	우주를 가로질러	across the __________
10	나의 모국어	my native __________

[11~15] 보기에서 알맞은 단어를 골라 문장을 완성하세요.

보기	believe	world	explore	foreigner	palace

11 Do you __________ in destiny? 너는 운명을 믿니?

12 He is planning to travel around the __________.
그는 전 세계를 여행할 예정이다.

13 The children showed the way to a(n) __________.
그 아이들은 한 외국인에게 길을 알려 주었다.

14 The __________ will be open to the public.
그 궁전은 일반인들에게 공개될 것이다.

15 He __________ed many caves on the island.
그는 그 섬의 많은 동굴을 탐험했다.

누적 테스트

학습한 단어의
우리말 뜻을 쓰세요.

누적 테스트 1일째

이름 점수

1일째에는 누적 테스트가 없습니다.

누적 테스트 2일째

이름 점수

1 aunt

2 member

3 child

4 everyone

5 uncle

6 each other

7 name

8 be from

9 pet

10 cousin

11 be born

12 sister

13 someone

14 baby

15 dear

16 take care of

누적 테스트 3일째

이름 점수

1 welcome
2 share
3 father
4 person
5 join
6 daughter
7 man
8 teenager
9 nickname
10 strange
11 friendship
12 club
13 woman
14 son
15 grandparent
16 make fun of

누적 테스트 4일째

이름 점수

1 eye
2 arm
3 skin
4 hand
5 fight
6 wife
7 shoulder
8 classmate
9 finger
10 mother
11 hang out with
12 nose
13 harmony
14 boy
15 mouth
16 people

누적 테스트 5일째

이름 점수

1 young
2 tall
3 favor
4 parent
5 watch out
6 introduce
7 age
8 girl
9 blond
10 ugly
11 hair
12 knee
13 brother
14 friend
15 partner
16 tongue

누적 테스트 6일째

이름 점수

1 careful
2 friendly
3 own
4 grow up
5 look like
6 marry
7 husband
8 adult
9 honest
10 kind
11 together
12 lovely
13 group
14 foot
15 ear
16 toe

누적 테스트 7일째

이름 점수

1	experience	9	writer
2	work	10	police officer
3	beautiful	11	on time
4	long	12	active
5	job	13	head
6	stupid	14	face
7	alone	15	pretty
8	gentleman	16	polite

누적 테스트 8일째

이름 점수

1	run	9	laugh
2	walk	10	play
3	on one's own	11	reporter
4	normal	12	be interested in
5	jump	13	fat
6	scientist	14	quiet
7	body	15	smart
8	lady	16	pilot

누적 테스트 9일째

이름 점수

1 complain
2 serious
3 want
4 short
5 shout
6 come true
7 tooth
8 relative
9 bored
10 worry
11 farmer
12 bring
13 old
14 character
15 calm
16 kick

누적 테스트 10일째

이름 점수

1 understand
2 need
3 engineer
4 thin
5 afraid
6 firefighter
7 leg
8 family
9 guess
10 remember
11 get out of
12 sad
13 curly
14 curious
15 clever
16 cry

누적 테스트 11일째

이름 점수

1 find out
2 show up
3 dream
4 talk
5 forget
6 wise
7 director
8 question
9 try
10 wish
11 ask
12 scared
13 neighbor
14 accept
15 have a seat
16 worker

누적 테스트 12일째

이름 점수

1 look
2 future
3 show
4 color
5 nervous
6 carry
7 act
8 be good at
9 angry
10 allow
11 taste
12 keep
13 cute
14 loud
15 believe
16 miss

누적 테스트 13일째

이름 점수

1 theater
2 pleased
3 see
4 bank
5 shy
6 drop
7 throw
8 line up
9 know
10 make a noise
11 square
12 agree
13 handsome
14 visit
15 message
16 feel like -ing

누적 테스트 14일째

이름 점수

1 roof
2 excited
3 sweet
4 bathroom
5 stop by
6 move
7 librarian
8 bookstore
9 think
10 hear
11 garden
12 say
13 change
14 bedroom
15 tell
16 decide

누적 테스트 15일째

이름 점수

1 wall
2 rice
3 touch
4 sauce
5 park
6 happy
7 airport
8 zoo
9 wonder
10 watch
11 living room
12 call
13 melt
14 salt
15 explain
16 do the dishes

누적 테스트 16일째

이름 점수

1 menu
2 company
3 gallery
4 eat out
5 stay
6 funny
7 become
8 delicious
9 say hello to
10 garbage
11 knife
12 city
13 lazy
14 eat
15 smell
16 surprised

누적 테스트 17일째

이름 점수

1	gloves	9	floor
2	listen	10	soup
3	heat	11	put on
4	sweater	12	snack
5	dessert	13	glad
6	same	14	pocket
7	market	15	address
8	drink	16	town

누적 테스트 18일째

이름 점수

1	get on	9	go to bed
2	mean	10	thirsty
3	hungry	11	bridge
4	subway	12	mix
5	fashion	13	speak
6	sound	14	road
7	place	15	bottle
8	shoes	16	refrigerator

누적 테스트 19일째

이름 점수

1 cafeteria
2 idea
3 freeze
4 playground
5 pants
6 express
7 voice
8 right
9 kitchen
10 chef
11 gym
12 meal
13 brave
14 grade
15 turn off
16 bakery

누적 테스트 20일째

이름 점수

1 note
2 answer
3 take off
4 absent
5 straight
6 feel
7 village
8 boat
9 pour
10 shirt
11 homework
12 open
13 lonely
14 diary
15 cup
16 comfortable

누적 테스트 21일째

이름 점수

1 mind
2 check
3 finish
4 corner
5 early
6 would like to-v
7 calendar
8 seafood
9 until
10 minute
11 excuse
12 popular
13 upset
14 get up
15 museum
16 bake

누적 테스트 22일째

이름 점수

1 contest
2 once
3 solve
4 always
5 study
6 suddenly
7 meat
8 borrow
9 never
10 give up
11 stair
12 restaurant
13 during
14 sharp
15 style
16 sign

누적 테스트 23일째

이름 점수

1 first

2 past

3 hurry up

4 close

5 for a while

6 be proud of

7 difficult

8 bright

9 repeat

10 fresh

11 ready

12 design

13 order

14 terrible

15 follow

16 station

누적 테스트 24일째

이름 점수

1 wait for

2 third

3 slow

4 high

5 such as

6 side

7 next

8 mistake

9 month

10 flat

11 block

12 be full of

13 size

14 recipe

15 after

16 street

누적 테스트 25일째

이름 점수

1 moment
2 usually
3 part
4 each
5 gate
6 fill
7 dirty
8 hard
9 sometimes
10 piece
11 correct
12 thick
13 nothing
14 space
15 light
16 tonight

누적 테스트 26일째

이름 점수

1 at the same time
2 problem
3 east
4 enough
5 top
6 across
7 empty
8 library
9 soft
10 shape
11 above
12 second
13 review
14 fail
15 sleepy
16 in front of

누적 테스트 27일째

이름 점수

1 far
2 bottom
3 exciting
4 backpack
5 arrive
6 total
7 between
8 all the time
9 half
10 different
11 pack
12 report
13 discuss
14 be late for
15 subject
16 tour

누적 테스트 28일째

이름 점수

1 below
2 a few
3 cheer
4 leave
5 possible
6 promise
7 climb
8 after school
9 count
10 perfect
11 score
12 step
13 hour
14 serve
15 wet
16 player

누적 테스트 29일째

이름 점수

1	memory	9	south
2	view	10	final
3	guest	11	meeting
4	rule	12	wide
5	present	13	narrow
6	next to	14	number
7	do one's best	15	quickly
8	a little	16	gift

누적 테스트 30일째

이름 점수

1	practice	9	tourist
2	hold	10	speech
3	favorite	11	take a picture of
4	firework	12	wear
5	interesting	13	dish
6	adventure	14	add
7	interview	15	locker
8	guide	16	collect

누적 테스트 31일째

이름 점수

1	stadium	9	take a walk
2	jacket	10	weekend
3	ride	11	activity
4	take place	12	draw
5	outside	13	famous
6	behind	14	artist
7	west	15	main
8	return	16	film

누적 테스트 32일째

이름 점수

1	fair	9	north
2	toward	10	actor
3	hall	11	magic
4	write	12	price
5	take a break	13	list
6	a kind of	14	mall
7	object	15	expensive
8	center	16	customer

누적 테스트 33일째

이름 점수

1 from time to time

2 trip

3 match

4 special

5 invite

6 be going to-v

7 hobby

8 concert

9 role

10 discount

11 choose

12 useful

13 hurt

14 headache

15 advice

16 health

누적 테스트 34일째

이름 점수

1 safe

2 huge

3 make friends with

4 outdoor

5 dark

6 deep

7 novel

8 waste

9 try on

10 stomach

11 treat

12 relax

13 branch

14 fruit

15 grow

16 pick up

누적 테스트 35일째

이름 점수

1	teamwork	9	weight
2	vacation	10	pain
3	volunteer	11	soil
4	prize	12	grass
5	work out	13	feed
6	catch	14	look for
7	stage	15	wild
8	look around	16	colorful

누적 테스트 36일째

이름 점수

1	have fun	9	see a doctor
2	holiday	10	weak
3	festival	11	animal
4	low	12	hunt
5	be over	13	look at
6	actress	14	island
7	item	15	cave
8	cheap	16	polar

누적 테스트 37일째

이름 점수

1 field
2 vegetable
3 clothes
4 win
5 wrong
6 exercise
7 tail
8 by the way
9 nature
10 pond
11 take turns
12 desert
13 season
14 cloudy
15 blow
16 forecast

누적 테스트 38일째

이름 점수

1 line
2 hat
3 housework
4 umbrella
5 dig
6 bean
7 race
8 all day long
9 information
10 traditional
11 president
12 hometown
13 get to
14 lose
15 forest
16 discover

누적 테스트 39일째

이름 점수

1 create
2 left
3 go to the movies
4 poor
5 spend
6 heavy
7 wood
8 right away
9 fever
10 important
11 event
12 whale
13 at first
14 weather
15 valley
16 ocean

누적 테스트 40일째

이름 점수

1 windy
2 local
3 hill
4 citizen
5 ground
6 protect
7 plant
8 medicine
9 wave
10 mystery
11 throw away
12 law
13 dangerous
14 a lot of
15 environment
16 ask for

Answers

Day 01 Exercise

1 name	2 girl	3 person	4 teenager	5 gentleman
6 boy	7 own	8 everyone	9 baby	10 age
11 Someone	12 adult	13 people	14 child	15 man

Day 02 Exercise

1 son	2 sister	3 care	4 member	5 cousin
6 family	7 relative	8 pet	9 marry	10 daughter
11 brother	12 grandparent	13 wife	14 born	15 parent

Day 03 Exercise

1 friend	2 together	3 friendship	4 harmony	5 nickname
6 classmate	7 club	8 share	9 group	10 welcome
11 favor	12 introduce	13 alone	14 strange	15 join

Day 04 Exercise

1 skin	2 eye	3 tooth	4 hand	5 finger
6 head	7 tongue	8 nose	9 up	10 toe/foot
11 knee	12 leg	13 hair	14 body	15 mouth

Day 05 Exercise

1 young	2 tall	3 beautiful	4 lovely	5 normal
6 short	7 change	8 long	9 pretty	10 ugly
11 cute	12 handsome	13 thin	14 curly	15 like

Day 06 Exercise

1 stupid	2 careful	3 wise	4 polite	5 honest
6 on	7 quiet	8 curious	9 active	10 brave
11 lazy	12 clever	13 shy	14 friendly	15 character

Day 07 Exercise

1 firefighter	2 job	3 company	4 work	5 writer
6 pilot	7 want	8 become	9 interested	10 worker
11 scientist	12 reporter	13 police officer	14 Farmer	15 librarian

Day 08 Exercise

1 jump	2 get	3 walk	4 carry	5 play
6 close	7 act	8 try	9 drop	10 move
11 Throw	12 seat	13 bring	14 use	15 laugh

Day 09 Exercise

1 happy	2 angry	3 excited	4 serious	5 lonely
6 miss	7 worry	8 sad	9 surprised	10 complain
11 bored	12 upset	13 scared	14 proud	15 nervous

Day 10 Exercise

1 remember	2 believe	3 decide	4 question	5 plan
6 dream	7 mind	8 know	9 feel	10 keep
11 think	12 understand	13 forget	14 idea	15 hope

Day 11 Exercise

1 ask	2 speak	3 talk	4 express	5 agree
6 tell	7 answer	8 message	9 show	10 discuss
11 call	12 promise	13 allow	14 explain	15 accept

Day 12 Exercise

1 look	2 feel	3 voice	4 sharp	5 sweet
6 listen	7 watch	8 see	9 hear	10 smell
11 taste	12 sound	13 color	14 hard	15 loud

Day 13 Exercise

1 stop	2 airport	3 market	4 station	5 place
6 Square	7 bank	8 visit	9 space	10 bookstore
11 museum	12 city	13 theater	14 village	15 line

Day 14 Exercise

1 gate	2 umbrella	3 floor	4 roof	5 stair
6 wall	7 stay	8 bed	9 turn	10 garbage
11 housework	12 bedroom	13 address	14 comfortable	15 garden

Day 15 Exercise

1 salt	2 sugar	3 heat	4 meal	5 fresh
6 rice	7 bottle	8 recipe	9 meat	10 mix
11 sauce	12 delicious	13 snack	14 freeze	15 dish

Day 16 Exercise

1 seafood	2 eat	3 order	4 soup	5 dish
6 wait	7 restaurant	8 menu	9 juice	10 salad
11 serve	12 chef	13 dessert	14 out	15 hungry

Day 17 Exercise

1 belt	2 socks	3 sweater	4 jacket	5 pocket
6 popular	7 style	8 put	9 skirt	10 shirt
11 cap	12 wear	13 clothes	14 gloves	15 design

Day 18 Exercise

1 corner	2 drive	3 right	4 ride	5 subway
6 airplane	7 straight	8 block	9 bridge	10 across
11 street	12 stop	13 get	14 bike	15 sign

Day 19 Exercise

1 teacher	2 library	3 gym	4 school uniform	5 teach
6 test	7 contest	8 student	9 hall	10 locker
11 school	12 homeroom	13 friends	14 subject	15 grade

Day 20 Exercise

1 study	2 difficult	3 wrong	4 write	5 review
6 classroom	7 mistake	8 note	9 get	10 speech
11 absent	12 correct	13 solve	14 break	15 finish

Day 21 Exercise

1 during	2 week	3 calendar	4 moment	5 hour
6 early	7 month	8 year	9 minute	10 tonight
11 tomorrow	12 today	13 yesterday	14 same	15 late

Day 22 Exercise

1 next	2 before	3 once	4 step	5 first
6 after	7 again	8 second	9 last	10 repeat
11 always	12 final	13 often	14 never	15 time

Day 23 Exercise

1 clean	2 busy	3 poor	4 fast	5 ready
6 dark	7 perfect	8 bright	9 wet	10 safe
11 different	12 heavy	13 sleepy	14 while	15 full

Day 24 Exercise

1 round	2 wide	3 line	4 side	5 deep
6 narrow	7 high	8 low	9 type	10 object
11 size	12 shape	13 thick	14 flat	15 large

Day 25 Exercise

1 piece	2 each	3 much	4 only	5 fill
6 empty	7 all	8 every	9 number	10 lot
11 enough	12 few	13 little	14 half	15 nothing

Day 26 Exercise

1 inside	2 north	3 front	4 top	5 toward
6 south	7 under	8 below	9 center	10 behind
11 around	12 outside	13 next to	14 between	15 bottom

Day 27 Exercise

1 vacation	2 beach	3 trip	4 arrive	5 climb
6 memory	7 adventure	8 get	9 take	10 exciting
11 leave	12 travel	13 return	14 tourist	15 view

Day 28 Exercise

1 win	2 practice	3 rule	4 score	5 player
6 lose	7 baseball	8 race	9 sport	10 possible
11 match	12 catch	13 stadium	14 best	15 hold

Day 29 Exercise

1 birthday	2 special	3 prize	4 guest	5 firework
6 holiday	7 wonderful	8 photo	9 present	10 meeting
11 going	12 invite	13 place	14 festival	15 party

Day 30 Exercise

1 interesting	2 fun	3 favorite	4 activity	5 game
6 swim	7 read	8 hobby	9 free	10 exercise
11 hiking	12 enjoy	13 dance	14 outdoor	15 picture

Day 31 Exercise

1 concert	2 famous	3 actress	4 music	5 ticket
6 film	7 role	8 stage	9 painting	10 novel
11 over	12 magic	13 artist	14 art	15 actor

Day 32 Exercise

1 sell	2 spend	3 pay	4 list	5 price
6 store	7 buy	8 cheap	9 useful	10 try
11 sale	12 choose	13 expensive	14 coupon	15 mall

Day 33 Exercise

1 sick	2 strong	3 weak	4 hospital	5 weight
6 headache	7 fever	8 cough	9 advice	10 treat
11 health	12 medicine	13 hurt	14 pain	15 doctor

Day 34 Exercise

1 field	2 flower	3 grass	4 leaf	5 ground
6 tree	7 stone	8 wood	9 soil	10 dig
11 grow	12 water	13 farm	14 plant	15 away

Day 35 Exercise

1 bee	2 elephant	3 tail	4 sheep	5 mouse
6 animal	7 colorful	8 chicken	9 feed	10 wild
11 hunt	12 look	13 Giraffe	14 way	15 whale

Day 36 Exercise

1 valley	2 hill	3 desert	4 land	5 cave
6 river	7 lake	8 ocean	9 nature	10 wave
11 forest	12 turns	13 island	14 mountain	15 jungle

Day 37 Exercise

1 rain	2 season	3 windy	4 blow	5 fall
6 winter	7 hot	8 spring	9 forecast	10 summer
11 weather	12 first	13 cloudy	14 sunny	15 long

Day 38 Exercise

1 law	2 end	3 hometown	4 luck	5 enter
6 event	7 local	8 citizen	9 important	10 traditional
11 these	12 ask	13 information	14 project	15 start

Day 39 Exercise

1 power	2 glass	3 rock	4 earth	5 recycle
6 air	7 bill	8 trash	9 protect	10 float
11 save	12 sand	13 reuse	14 energy	15 worried

Day 40 Exercise

1 chat	2 post	3 online	4 spread	5 country
6 peace	7 war	8 website	9 universe	10 language
11 believe	12 world	13 foreigner	14 palace	15 explore

누적 테스트 1일째

1일째에는 누적 테스트가 없습니다.

누적 테스트 2일째

1	aunt	고모, 이모, 숙모	9	pet	반려동물
2	member	구성원, 일원	10	cousin	사촌
3	child	아이, 어린이	11	be born	태어나다
4	everyone	모두, 모든 사람	12	sister	언니, 누나, 여동생
5	uncle	삼촌	13	someone	누군가, 어떤 사람
6	each other	서로	14	baby	아기
7	name	이름	15	dear	사랑하는, 소중한
8	be from	~ 출신이다, ~에서 오다	16	take care of	~을 돌보다

누적 테스트 3일째

1	welcome	환영하다	9	nickname	별명
2	share	함께 쓰다; 나누다	10	strange	이상한; 낯선
3	father	아버지	11	friendship	우정
4	person	사람, 개인	12	club	동아리, 클럽
5	join	가입하다, 함께하다	13	woman	(성인) 여자, 여성
6	daughter	딸	14	son	아들
7	man	(성인) 남자, 남성	15	grandparent	조부모
8	teenager	십 대	16	make fun of	~을 놀리다

누적 테스트 4일째

1	eye	눈	9	finger	손가락
2	arm	팔	10	mother	어머니
3	skin	피부	11	hang out with	~와 시간을 보내다
4	hand	손	12	nose	코
5	fight	싸우다	13	harmony	조화, 화합
6	wife	아내, 부인	14	boy	소년, 남자아이
7	shoulder	어깨	15	mouth	입
8	classmate	급우, 반 친구	16	people	사람들

누적 테스트 5일째

1	young	어린, 젊은	9	blond	금발인
2	tall	키가 큰, 높은	10	ugly	못생긴, 보기 싫은
3	favor	호의, 부탁	11	hair	머리카락, 털
4	parent	부모	12	knee	무릎
5	watch out	조심하다	13	brother	형, 오빠, 남동생
6	introduce	소개하다	14	friend	친구
7	age	나이	15	partner	파트너, 짝
8	girl	소녀, 여자아이	16	tongue	혀

누적 테스트 6일째

1	careful	주의 깊은, 조심하는	9	honest	정직한, 솔직한
2	friendly	친절한, 우호적인	10	kind	친절한; 종류, 유형
3	own	자기 자신의	11	together	함께, 같이
4	grow up	성장하다, 자라다	12	lovely	사랑스러운
5	look like	~처럼 보이다	13	group	무리, 집단, 그룹
6	marry	결혼하다	14	foot	발
7	husband	남편	15	ear	귀
8	adult	성인, 어른	16	toe	발가락

누적 테스트 7일째

1	experience	경험; 경험하다	9	writer	작가
2	work	일하다, 근무하다	10	police officer	경찰관
3	beautiful	아름다운	11	on time	시간을 어기지 않고
4	long	긴	12	active	활동적인
5	job	일, 직장, 직업	13	head	머리
6	stupid	어리석은, 멍청한	14	face	얼굴
7	alone	혼자	15	pretty	예쁜, 귀여운
8	gentleman	신사, 양반	16	polite	예의 바른, 공손한

누적 테스트 8일째

1	run	달리다, 뛰다	9	laugh	(소리 내어) 웃다
2	walk	걷다; 산책시키다; 걷기	10	play	놀다
3	on one's own	혼자 힘으로	11	reporter	기자
4	normal	평범한, 정상적인	12	be interested in	~에 관심이 있다
5	jump	뛰다, 도약하다	13	fat	뚱뚱한, 살찐
6	scientist	과학자	14	quiet	조용한
7	body	몸, 신체	15	smart	똑똑한, 영리한
8	lady	여성, 숙녀, 부인	16	pilot	조종사, 비행사

누적 테스트 9일째

1	complain	불평하다, 항의하다	9	bored	지루해하는, 지루한
2	serious	심각한, 진지한	10	worry	걱정하다
3	want	원하다, ~하고 싶다	11	farmer	농부, 농장주
4	short	키가 작은, 짧은	12	bring	가져오다, 데려오다
5	shout	소리[고함]치다	13	old	늙은, 나이 많은; 오래된
6	come true	이루어지다, 실현되다	14	character	성격, 기질; 특징; 등장인물
7	tooth	이, 치아	15	calm	차분한, 침착한
8	relative	친척	16	kick	(발로) 차다

누적 테스트 10일째

1	understand	이해하다	9	guess	추측하다; 추측
2	need	필요로 하다	10	remember	기억하다
3	engineer	기사, 기술자	11	get out of	~에서 나가[오]다; ~에서 내리다
4	thin	날씬한, 마른; 얇은, 가는	12	sad	슬픈
5	afraid	무서워하는, 겁내는	13	curly	곱슬곱슬한
6	firefighter	소방관	14	curious	호기심이 많은, 궁금해하는
7	leg	다리	15	clever	영리한, 똑똑한
8	family	가족	16	cry	울다

누적 테스트 11일째

1	find out	알아내다, 발견하다	9	try	노력하다, 애를 쓰다; 시도하다
2	show up	나타나다	10	wish	원하다, 바라다; 소원
3	dream	꿈; 꿈을 꾸다	11	ask	묻다, 질문하다
4	talk	말하다, 이야기하다	12	scared	무서워하는, 겁먹은
5	forget	잊다, 잊어버리다	13	neighbor	이웃
6	wise	지혜로운, 현명한	14	accept	받아들이다, 수락하다
7	director	감독, 연출자	15	have a seat	자리에 앉다
8	question	질문, 문제	16	worker	노동자, 근로자

누적 테스트 12일째

1	look	~해 보이다, 보다	9	angry	화난, 성난
2	future	미래	10	allow	허락하다, 허용하다
3	show	보여 주다, 드러내다; 쇼, 공연	11	taste	맛이 나다; 맛
4	color	색, 색깔	12	keep	유지하다, 지키다
5	nervous	불안해하는, 긴장한	13	cute	귀여운
6	carry	나르다; 가지고 다니다	14	loud	(소리가) 큰, 시끄러운
7	act	연기하다; 행동하다	15	believe	믿다, 생각하다
8	be good at	~을 잘하다	16	miss	그리워하다; 놓치다

누적 테스트 13일째

1	theater	극장	9	know	알다, 알고 있다
2	pleased	기쁜, 만족해하는	10	make a noise	시끄럽게 하다, 소란을 피우다
3	see	보다	11	square	광장; 정사각형
4	bank	은행	12	agree	동의하다, 찬성하다
5	shy	수줍음[부끄럼]을 많이 타는	13	handsome	잘생긴
6	drop	떨어뜨리다	14	visit	방문하다
7	throw	던지다	15	message	메시지, 전갈
8	line up	줄을 서다	16	feel like -ing	~하고 싶다

누적 테스트 14일째

1	roof	지붕	9	think	생각하다
2	excited	신이 난, 흥분한	10	hear	듣다, 들리다
3	sweet	달콤한, 단	11	garden	정원, 뜰
4	bathroom	욕실, 화장실	12	say	말하다
5	stop by	~에 잠시 들르다	13	change	바꾸다; 변하다
6	move	움직이다; 이사하다	14	bedroom	침실
7	librarian	(도서관의) 사서	15	tell	알리다, 말하다
8	bookstore	서점	16	decide	결정하다, 결심하다

누적 테스트 15일째

1	wall	담, 벽	9	wonder	궁금하다, 궁금해하다
2	rice	쌀, 밥	10	watch	보다, 지켜보다
3	touch	만지다	11	living room	거실
4	sauce	소스, 양념	12	call	부르다; 전화하다
5	park	공원	13	melt	녹다, 녹이다
6	happy	행복한	14	salt	소금
7	airport	공항	15	explain	설명하다
8	zoo	동물원	16	do the dishes	설거지를 하다

누적 테스트 16일째

1	menu	메뉴, 식단표	9	say hello to	~에게 안부를 전하다
2	company	회사,동료, 일행	10	garbage	쓰레기
3	gallery	미술관, 화랑	11	knife	칼
4	eat out	외식하다	12	city	도시
5	stay	머무르다	13	lazy	게으른
6	funny	웃기는, 재미있는	14	eat	먹다
7	become	~이 되다, ~해지다	15	smell	냄새[향기]가 나다; 냄새
8	delicious	아주 맛있는	16	surprised	놀란, 놀라는

누적 테스트 17일째

1	gloves	장갑	9	floor	바닥, 층
2	listen	듣다, 귀 기울이다	10	soup	수프, 국
3	heat	가열하다; 열기	11	put on	~을 입다[신다, 쓰다]
4	sweater	스웨터	12	snack	간단한 식사, 간식
5	dessert	디저트, 후식	13	glad	기쁜, 반가운
6	same	같은, 동일한	14	pocket	주머니
7	market	시장	15	address	주소
8	drink	마시다	16	town	(소)도시, 마을

누적 테스트 18일째

1	get on	~에 타다	9	go to bed	잠자리에 들다
2	mean	의미하다	10	thirsty	목이 마른
3	hungry	배고픈	11	bridge	다리
4	subway	지하철	12	mix	섞다, 혼합하다
5	fashion	패션	13	speak	말하다, 이야기하다
6	sound	~하게 들리다; 소리	14	road	도로, 길
7	place	장소	15	bottle	병
8	shoes	신발	16	refrigerator	냉장고

누적 테스트 19일째

1	cafeteria	구내식당, 카페테리아	9	kitchen	부엌, 주방
2	idea	발상, 생각	10	chef	요리사, 주방장
3	freeze	얼다, 얼리다	11	gym	체육관
4	playground	운동장, 놀이터	12	meal	식사, 끼니
5	pants	바지	13	brave	용감한
6	express	나타내다, 표현하다	14	grade	성적; 학년
7	voice	목소리, 음성	15	turn off	~을 끄다
8	right	오른쪽; 오른쪽의; 오른쪽으로	16	bakery	빵집, 제과점

누적 테스트 20일째

1	note	필기; 쪽지	9	pour	붓다, 따르다
2	answer	(대)답하다; 대답; 해답	10	shirt	셔츠
3	take off	~을 벗다; (비행기가) 이륙하다	11	homework	숙제, 과제
4	absent	결석한, (자리에) 없는	12	open	열다; 열린
5	straight	곧은, 똑바른; 똑바로, 곧장	13	lonely	외로운, 쓸쓸한
6	feel	느끼다, ~한 기분이 들다	14	diary	일기
7	village	마을, 부락	15	cup	컵, 잔
8	boat	보트, 배	16	comfortable	편안한, 쾌적한

누적 테스트 21일째

1	mind	마음, 정신	9	until	~까지; ~할 때까지
2	check	확인하다, 점검하다	10	minute	(시간 단위) 분
3	finish	끝내다, 끝나다	11	excuse	용서하다; 양해를 구하다
4	corner	모퉁이, 구석	12	popular	인기 있는, 대중적인
5	early	일찍; 이른	13	upset	속상한, 화난
6	would like to-v	~하고 싶다	14	get up	일어나다
7	calendar	달력	15	museum	박물관, 미술관
8	seafood	해산물	16	bake	굽다

누적 테스트 22일째

1	contest	대회, 콘테스트	9	never	절대[결코] ~ 않다
2	once	한 번	10	give up	포기하다
3	solve	해결하다, 풀다	11	stair	계단
4	always	항상, 언제나	12	restaurant	식당, 레스토랑
5	study	공부하다	13	during	~동안[내내], ~ 중에
6	suddenly	갑자기	14	sharp	날카로운, 뾰족한
7	meat	고기	15	style	스타일; 방식
8	borrow	빌리다	16	sign	표지판; 서명하다

누적 테스트 23일째

1	first	첫 번째의	9	repeat	반복하다, 되풀이하다
2	past	과거, 지난날	10	fresh	신선한, 상쾌한
3	hurry up	서두르다	11	ready	준비가 된
4	close	닫다	12	design	디자인[설계]하다; 디자인, 설계
5	for a while	잠시 동안	13	order	주문하다
6	be proud of	~을 자랑스러워하다	14	terrible	끔찍한, 형편없는
7	difficult	어려운	15	follow	따르다, 따라가다
8	bright	밝은, 빛나는	16	station	역, 정류장

누적 테스트 24일째

1	wait for	~을 기다리다	9	month	달, 월
2	third	세 번째의	10	flat	평평한, 납작한
3	slow	느린	11	block	막다, 차단하다; 블록, 구역
4	high	높은	12	be full of	~로 가득 차다
5	such as	~와 같은	13	size	크기; 치수
6	side	쪽, 면; 옆, 측면	14	recipe	요리법, 레시피
7	next	다음의	15	after	~ 후에[뒤에]
8	mistake	실수, 잘못	16	street	거리, 도로

누적 테스트 25일째

1	moment	(특정한) 순간; 잠시	9	sometimes	때때로, 가끔
2	usually	보통, 대개	10	piece	조각, 한 개, 한 장
3	part	부분; 일부	11	correct	옳은, 맞는
4	each	각각[각자]의	12	thick	두꺼운, 두툼한
5	gate	문, 출입구	13	nothing	아무것도 ~ 아니다[없다]
6	fill	채우다	14	space	공간; 우주
7	dirty	더러운	15	light	가벼운; 밝은; 빛
8	hard	단단한, 딱딱한; 어려운; 열심히	16	tonight	오늘 밤; 오늘 밤에

누적 테스트 26일째

1	at the same time	동시에	9	soft	부드러운, 푹신한
2	problem	문제, 어려움	10	shape	모양, 형태
3	east	동쪽; 동쪽의; 동쪽으로	11	above	(~보다) 위에[위로]
4	enough	충분한, 충분히	12	second	두 번째의
5	top	맨 위, 정상; 맨 위의, 정상의	13	review	재검토하다, 복습하다
6	across	가로질러, 맞은편에	14	fail	실패하다; (시험에) 떨어지다
7	empty	빈, 비어 있는	15	sleepy	졸린, 졸음이 오는
8	library	도서관	16	in front of	~ 앞에

누적 테스트 27일째

1	far	먼; 멀리	9	half	반, 절반
2	bottom	맨 아래, 바닥; 맨 아래의	10	different	다른
3	exciting	신나는, 흥미진진한	11	pack	짐을 싸다, 챙기다
4	backpack	배낭	12	report	보고서
5	arrive	도착하다	13	discuss	상의하다, 논의하다
6	total	전체의; 합계, 총액	14	be late for	~에 늦다[지각하다]
7	between	~ 사이에	15	subject	과목
8	all the time	항상, 줄곧, 내내	16	tour	여행, 관광

누적 테스트 28일째

1	below	(~보다) 아래에[아래로]	9	count	(수를) 세다
2	a few	(수가) 약간의, 조금의	10	perfect	완벽한
3	cheer	환호[응원]하다, 격려하다	11	score	득점, 점수
4	leave	떠나다, 놓고 가다	12	step	단계; 걸음
5	possible	가능한	13	hour	시간, 시각
6	promise	약속하다; 약속	14	serve	(음식을) 제공하다, 차려 내다
7	climb	오르다, 올라가다	15	wet	젖은
8	after school	방과 후에	16	player	선수

누적 테스트 29일째

1	memory	기억, 추억	9	south	남쪽; 남쪽의; 남쪽으로
2	view	전망; 견해	10	final	마지막의
3	guest	손님, 하객	11	meeting	회의
4	rule	규칙	12	wide	넓은
5	present	선물	13	narrow	좁은
6	next to	~ 옆에, ~ 다음의	14	number	수, 숫자, 번호
7	do one's best	최선을 다하다	15	quickly	빨리, 빠르게
8	a little	(양이) 약간의, 조금의	16	gift	선물; 재능, 재주

누적 테스트 30일째

1	practice	연습하다	9	tourist	관광객
2	hold	개최하다; 잡다	10	speech	연설
3	favorite	마음에 드는, 가장 좋아하는	11	take a picture of	~의 사진을 찍다
4	firework	폭죽; 불꽃놀이	12	wear	입다, 쓰다, 신다
5	interesting	재미있는, 흥미로운	13	dish	접시; 요리
6	adventure	모험	14	add	추가하다; 더하다
7	interview	인터뷰, 면접; 인터뷰하다	15	locker	사물함
8	guide	안내; 안내원; 안내하다	16	collect	모으다, 수집하다

누적 테스트 31일째

1	stadium	경기장	9	take a walk	산책을 하다
2	jacket	재킷, 상의	10	weekend	주말
3	ride	타다, 몰다	11	activity	활동
4	take place	(행사가) 열리다	12	draw	그리다
5	outside	밖에(서), 바깥에	13	famous	유명한
6	behind	~ 뒤에	14	artist	화가, 예술가
7	west	서쪽; 서쪽의; 서쪽으로	15	main	주된
8	return	돌아오다	16	film	영화

누적 테스트 32일째

1	fair	박람회; 공평한, 공정한	9	north	북쪽; 북쪽의; 북쪽으로
2	toward	~ 쪽으로, ~을 향하여	10	actor	(남자) 배우
3	hall	복도, 홀, 강당	11	magic	마법, 마술; 마법[마술]의
4	write	쓰다	12	price	값, 가격
5	take a break	휴식을 취하다	13	list	목록
6	a kind of	일종의	14	mall	쇼핑몰, 쇼핑센터
7	object	물체, 물건	15	expensive	비싼
8	center	중심, 중앙	16	customer	손님, 고객

누적 테스트 33일째

1	from time to time	가끔, 때때로	9	role	역할
2	trip	여행	10	discount	할인; 할인하다
3	match	경기, 시합; 성냥	11	choose	선택하다, 고르다
4	special	특별한	12	useful	유용한
5	invite	초대하다	13	hurt	다치게 하다; 아프다
6	be going to-v	~할 것이다, ~할 예정이다	14	headache	두통
7	hobby	취미	15	advice	조언, 충고
8	concert	콘서트, 연주회	16	health	건강

누적 테스트 34일째

1	safe	안전한	9	try on	~을 입어[신어] 보다
2	huge	(크기 · 양 · 정도가) 엄청난, 거대한	10	stomach	위, 배
3	make friends with	~와 친구가 되다	11	treat	치료하다; 다루다, 대하다
4	outdoor	옥외[야외]의	12	relax	휴식을 취하다, 쉬다
5	dark	어두운, 캄캄한	13	branch	나뭇가지
6	deep	깊은	14	fruit	과일, 열매
7	novel	소설	15	grow	재배하다, 기르다; 자라다
8	waste	낭비하다; 낭비	16	pick up	~을 집다; ~을 (차에) 태우러 가다

누적 테스트 35일째

1	teamwork	협동 작업, 팀워크	9	weight	무게, 체중
2	vacation	방학	10	pain	고통, 통증
3	volunteer	자원봉사자; 자원하는	11	soil	토양, 흙
4	prize	상, 상품	12	grass	풀, 잔디
5	work out	운동하다	13	feed	먹이를 주다
6	catch	잡다, 받다	14	look for	~을 찾다
7	stage	무대; 단계	15	wild	야생의
8	look around	(주위를) 둘러보다, 구경하다	16	colorful	알록달록한, 다채로운

누적 테스트 36일째

1	have fun	즐기다, 즐거운 시간을 보내다	9	see a doctor	병원에 가다, 진찰을 받다
2	holiday	휴가, 휴일	10	weak	약한, 힘이 없는
3	festival	축제	11	animal	동물
4	low	낮은	12	hunt	사냥하다
5	be over	끝나다	13	look at	~을 보다
6	actress	(여자) 배우	14	island	섬
7	item	물품, 품목	15	cave	동굴
8	cheap	값싼, 저렴한	16	polar	북극[남극]의

누적 테스트 37일째

1	field	들판, 밭; 현장; 경기장	9	nature	자연
2	vegetable	채소	10	pond	연못
3	clothes	옷, 의복	11	take turns	교대로 하다
4	win	이기다	12	desert	사막
5	wrong	틀린, 잘못된	13	season	계절; 시기, 철
6	exercise	운동하다, 연습하다	14	cloudy	흐린, 구름 낀
7	tail	꼬리	15	blow	(바람이) 불다
8	by the way	그런데, 그나저나	16	forecast	예측, 예보; 예측하다

누적 테스트 38일째

1	line	줄, 선	9	information	정보, 자료
2	hat	(테가 있는) 모자	10	traditional	전통적인
3	housework	가사, 집안일	11	president	대통령; 회장
4	umbrella	우산	12	hometown	고향
5	dig	파다, 캐내다	13	get to	~에 도착하다, ~에 이르다
6	bean	콩	14	lose	지다; 잃어버리다
7	race	경주, 경기, 달리기 (시합)	15	forest	숲
8	all day (long)	하루 종일	16	discover	발견하다

누적 테스트 39일째

1	create	창조하다, 만들다	9	fever	열
2	left	왼쪽; 왼쪽의; 왼쪽으로	10	important	중요한
3	go to the movies	영화를 보러 가다	11	event	사건, 행사
4	poor	가난한	12	whale	고래
5	spend	(돈을) 쓰다, 소비하다	13	at first	처음에
6	heavy	무거운	14	weather	날씨, 기상
7	wood	나무, 목재; 숲	15	valley	계곡, 골짜기
8	right away	즉시, 곧바로	16	ocean	대양, 바다

누적 테스트 40일째

1	windy	바람이 많이 부는	9	wave	파도, 물결; 흔들다
2	local	지역의, 현지의	10	mystery	미스터리, 불가사의
3	hill	언덕	11	throw away	버리다, 내던지다
4	citizen	시민, 국민	12	law	법
5	ground	땅, 토양	13	dangerous	위험한
6	protect	보호하다, 지키다	14	a lot of	(수, 양이) 많은
7	plant	식물; 심다	15	environment	환경
8	medicine	약, 약물	16	ask for	~을 요청[요구]하다

Index

T

MEMO

MEMO

이 책을 검토해 주신 선생님

강원

권대황 팀스영어학원
권미현 리드영어
기은진 전문과외
김광희 한샘학원
김나은 나은영어
김세정 브릿지영어학원
김양수 스파르타코치미
김정은 김정은영어학원
김준성 구쌤학원
남상근 브릿지영어학원
노홍석 Red Stone Academy
박슬기 최상위수학마루슬기로운영어생활
박은진 삼육어학원
박정선 잉글리쉬클럽
백희영 이상학원
안서아 숲어학원
오은아 레이첼잉글리시학원
윤아영 전문과외
이금석 케이유이에스비
이성규 브릿지영어학원
이정혜 전문과외
전수지 에리카영어학원
정정화 구쌤학원
정정환 푸른입시학원
조연희 전문과외
천슬기 브릿지영어학원
최가영 전문과외
최수남 강릉영수배움교실
최현주 최샘영어
표유현 쉼표영어

경기

Simon뱅 에이플교육
갈현주 GTC영어
강나리 필업단과전문학원
강동수 일신학원
강석종 씨드학원 2관
강소윤 다른영어학원
강신혜 에이블중고등영어학원
강연수 안양외국어고등학교
강예진 YJ영어의정원
강유림 이지영어학원
강유정 참좋은 보습학원
강준수 미래인재학원
강춘화 양주 최고다학원
강태경 연세나로학원
고승환 11월의 로렐
고승희 미래연학원
고윤재 연세학원
고현정 에이블영어
고혜경 Go쌤's 에듀
고혜리 최강영수학원
공윤진 한광중학교
곽억훈 최강영어
구대만 대입명문 트리비움 구쌤 합격영어
구혜령 젤라쿠 잉글리쉬
구혜영 구스영어보습학원
권수현 나홀로영어학원
권인혜 전문과외
권정현 수잔잉글리쉬학원
권종혁 고등바른공부학원
권지영 트레져스영어학원
권해나 입시에날개
권향숙 에이블플러스영어교습소
기종훈 마하수능영어전문학원
길대현 길쌤 입시영어
김경영 청람학원
김광수 더배움 잉글리쉬
김규은 분당소피아영어학원
김기선 위너스일등급학원
김기영 서강학원
김남건 연세나로학원 수원본점
김문희 수만휘기숙학원
김미영 시너지영어수학학원
김미원 한진연 입시전략연구소 수원센터
김미희 J&W 학원
김민기 빨리강해지는학원
김민선 HC영수전문학원
김민영 남동탄 레이크에듀영어
김민정 이화영어
김민정 분당영덕여자고등학교
김병희 B&J 과외
김보람 JM학원
김상겸 물푸레스쿨
김설 한올입시학원
김성민 전문과외
김성한 양명고등학교
김세종 데이비드영어교습소
김숙영 더오름학원
김승민 룩스영어학원
김승호 명품M수학영어 학원
김승훈 장선생영어학원
김신태 원탑영어
김연남 Trooper English
김영아 김영아개인과외
김영희 파주운정 제니스학원
김완혁 단칼영어학원
김우성 남양 아토즈영어학원
김원동 미래인학원
김유진 하이노크 영어학원
김윤식 낙생고등학교
김윤아 코리안파인
김은지 양서고등학교
김은희 이든영어
김의식 에스엔티입시전문학원
김인호 맵학원
김정은 조이럭 영어학원
김정택 솔터고등학교
김지원 대치탑영어학원
김지현 이지프레임 영어학원
김진희 우솔학원
김창훈 영품영어
김태무 전문과외
김태준 이지고등영어
김하늘 훈선생영어학원
김한나 스카이 영수학원
김한빛 지니리영어학원
김현정 배곧 탑클래스 영수학원
김형원 전문과외
김혜진 모산센터 공터영어 공부방
김효진 옥정동 샤인학원
김후중 더플랜영어학원
나병찬 에스라이팅 영어학원
나애경 잉쥴리쉬
나영은 강남청솔기숙학원
나태연 웰컴투잉글리쉬 WE 영어교습소
남인철 배움의숲학원
남지원 용인필탑학원
남현경 정상어학원
남현제 강남글로벌입시학원
노연웅 알찬교육학원
노영임 하이영어
노영현 정상어학원 광주경안분원
류동현 G EDU
류지은 SLB입시학원
마지영 전문과외
마현정 인스쿨어학원
맹대운 삼성영어 광교1교실
문슬기 문쌤전문과외
문은영 삼성영어쎈수학 은계학원
문징균 스카이학원
민수진 위드민 영어
박경란 영통강남학원
박경태 IMI영어학원
박계리 글로리영어교습소
박상근 DK영수학원
박상유 콕수학오드리영어보습학원
박서현 박서현영어
박선이 썬영어
박성식 경화여자English Business고등학교
박세영 쎄이학원
박세윤 이화인학원
박소연 부천 청명학원
박소영 이엘아이에스어학원
박수인 용인필탑학원
박수정 잉글리시아이 케이트학원
박숙현 에이사이드 입시학원
박연주 전문과외
박연희 브릿지영어
박영심 전문과외
박영철 이즈원 영어수학 전문학원
박영훈 권선대성종합학원
박윤성 제일학원
박은경 서영영어
박은빈 오산 교일학원
박재은 서윤희영어학원
박정은 하늘English
박정현 JH 스파르타 영어학원
박정훈 안양외국어고등학교
박주연 전문과외
박준근 연세나로학원
박준호 필탑학원
박지연 시작
박지원 전문과외
박찬일 양명고등학교
박천형 한빛에듀
박치옥 Park's Room English
박현선 안양외국어고등학교
박혜리 조은샘 학원
박혜원 이투스247 수원시청점
박효정 용인필탑학원
반인애 리딩유영어
방난효 명문필학원
방선아 가온영어
배가람 수만휘기숙학원
배이슬 에이블 학원
배종서 광명북고등학교
백승민 윈영어학원
백유안 전문과외
백은진 영어의 품격
백재원 앤써학원
백지연 다산미래학원
서기동 베리타스 영어 학원
서다혜 Cloe English
서상원 안양외국어고등학교
서정원 이챕터스영어학원
서효진 동탄 지한샘영어
설동우 더에듀영어수학학원
성언형 대치AOP
소재현 연세에듀학원
손민지 씨앤씨학원
손사라 전문과외
손선화 더웨이영어교습소
손영은 팁탑잉글리쉬
손영준 파주열린학원
손유리 하비투스 영어
송상종 에듀플러스 학원
송의식 교일학원
송재용 대치명인학원
송주영 위상학원
송희승 전문과외
신승철 일탄영어학원
신원희 지니어스 영어
신윤주 전문과외
신혜원 해밀영어
신희진 스터디올킬학원
심소미 쎈수학영어학원 봉담
심종원 윤선생영어 이천한내해원
안명은 아우룸영어
안상현 프라미스자이영어학원
안수예 전문과외
안지민 이엔영어학원
안지원 프렌잉글리시 은여울캠퍼스
양선화 성문고
양시내 알지영수학원
양창현 조셉입시학원
양효은 더키(TheKEY)영어학원
엄한수 양명고
여호수아 한샘학원 덕정캠퍼스
오국화 이랩스영어학원
오민희 미니오영어
오영철 광주비상에듀
오주향 대치힐영어학원
오준우 유투엠X로제타스톤
오현숙 천천메카학원
왕형규 이룸영어
우경숙 스마트해법영어당수교습소

유경민 송현학원
유민재 백영고
유복순 전문과외
유연이 큐이엠
유예지 삼성영어 한내학원
유옥경 덕소 만점영어
유지아 CINDY'S ENGLISH
유지현 ERC 유쌤영어 교습소
유효선 앨리스영어학원
윤경미 윙스영어
윤석호 야탑고등학교
윤숙현 광덕고등학교
윤연정 Tr.Annie's Library
윤정원 플랜어학원
윤정희 수어람학원
윤지후 오산 락수학 앤 윤영어
윤창희 이룸교육
윤형태 HAAS(하스)영어학원
윤혜선 아이비스 영어학원
윤혜영 이루다영어수학학원
이가림 전문과외
이강훈 이수학원
이경희 고려대아카데미
이권우 수원 레볼리쉬 어학원
이기문 엔터스카이학원
이기쁨 전문과외
이나원 철산에스라이팅영어학원
이다솜 김수영보습학원
이대형 열린학원
이명선 꿈의 발걸음 학원
이민재 제리킹영어학원
이보라 디오영어
이보라 김쌤보습 이쌤영어 학원
이상록 PRM
이상윤 진짜공부입시학원
이상윤 한샘학원
이서윤 계몽학원
이선미 정현영어학원
이세미 유타스학원
이수정 이그잼포유
이수정 믿음영어전문과외
이슬희 입시코드학원
이승은 공터영어동탄호수센터
이에녹 위너비투비학원
이연경 비욘드 영어학원
이연경 제니학원
이영민 상승공감학원
이용우 한소망비전학원
이은영 가람학원
이은영 서윤희입시영어학원
이은주 지에듀
이은주 귀인중학교
이은혜 리체움영어학원
이인철 루틴입시학원
이재협 사차원학원
이주연 Rachel's English
이준 맨투맨학원
이지우 이지우영어학원
이지원 에듀플러스 학원
이지은 DYB 최선고등관
이지혜 공부방
이지혜 리케이온 어학원
이지효 스탠스영어교습소
이진선 전문과외
이진성 용인필탑학원
이진주 아이원해법영어
이창석 넛지영어학원
이충기 영어나무
이태균 권선로제타스톤영어학원
이하원 전문과외
이한솔 위너스영어
이해진 파란영어학원
이현우 부천 신사고 영어학원
이효진 확인영어수학
임광영 러셀기숙학원
임수경 전문과외
임수정 로고스아카데미
임승훈 다니엘학교
임연주 하이디드림팀
임은지 전문과외
임은희 Eunice English
임지현 현쌤영어
임창민 김포 우리학원
임창완 백영고등학교
임효정 폭스영어입시전문학원
장미래 안성종로엠
장민석 일킴훈련소입시학원
장소정 전문과외
장슬기 폭스영어학원
장아련 목동J영어학원
장유리 더바른영어학원
장준성 링구아어학원
장현정 헤리티지영수학원
장혜진 용인필탑학원
장호진 홍수학영어입시학원
장효선 영어의품격
전성준 이든학원
전성훈 훈선생영어학원
전수빈 전문과외
전우정 안T영어학원
전주원 필업단과전문학원
전지애 고양국제고등학교
전지혜 위슬런학원
전호준 채움영어
정규빈 대치다다학원
정다움 카인드학원
정다은 전문과외
정미란 티앤씨학원
정병채 탁클래스영어수학학원
정선영 전문과외
정선영 코어플러스영어학원
정성은 JK영어수학전문학원
정성태 에이든영어학원
정연우 최강학원
정연욱 인크쌤영어학원
정영선 시퀀트학원
정영훈 BS반석학원
정유진 전문과외
정윤하 전문과외
정지연 공부의정석 학원
정지영 이지학원
정하경 에듀플렉스
정희찬 파란영어학원
제정미 제이영어
조병희 이철영어학원
조승규 제이앤와이 어학원
조용원 이티엘영어교습소
조원웅 클라비스 영어전문학원
조윤나 오세용어학원
조은쌤 조은쌤장쌤영어전문학원
조재만 가평한샘기숙학원
조정휘 유하이에듀 학원
조준모 에스라이팅
조춘화 뮤엠영어발곡학원
조현지 전문과외
조혜원 The 131
주지은 JIEUN ENGLISH CLASS
진남원 영어종결센터신봉학원
차안나 아이비스 영어학원
채희수 전문과외
채희연 전문과외
최광현 포인트학원
최명지 이천 청솔기숙
최민석 탑클래스기숙학원
최상이 엄마영어아빠수학학원
최성원 패스파인더
최세열 JS수학영어학원
최영임 국립중앙청소년디딤센터
최유나 전문과외
최은진 고래영어학원
최은희 공부에 강한 아이들
최인선 캐써린쌤의슈가영어교습소
최창식 조나단영어보습학원
최희연 채움영어학원
최희정 SJ클쌤영어
편광범 야탑고등학교
표호진 아너스영어전문학원
하사랑 덕계한샘학원
하수용 시흥 대성학원
한순현 동탄 SKY 비상학원
한예진 필탑학원
함수향 진심팩토리인재양성소
현윤아 중동그린타운해법영어교습소
홍승완 전문과외
홍은화 라라영어수학 학원
홍정우 정현영어학원
홍호영 닉고등입시학원
홍희섭 조이 영어공부방
홍희진 청평 한샘 학원
황다연 The study 꿈자람
황명덕 옥정 엠베스트
황서윤 공부방
황은진 더에듀영어수학학원
황일선 M&E

경남

강진원 T.O.P 에듀학원
고성관 T.O.P 에듀학원
권승구 더케이영어학원
권승미 전문과외
권장미 인서울영어학원
권지현 우리모두의 영수학원
김계영 성신학원
김국희 새라영어학원
김루 상승영수전문학원
김민경 창선고등학교
김민기 민쌤영어
김선우 진성학원
김신영 김가영어학원
김신현 세종학원
김용진 다락방 남양지점 학원
김주은 동상교일학원
김준 가우스 sme 전문학원
김지윤 에듀퍼스트
김지은 HNC영어전문학원
김진영 연세어학원
김현우 창녕 대성고등학교
김형돌 통영여자고등학교
김화선 마산중앙고등학교
남유림 이루다영어교습소
노경지 전문과외
노수진 인피니티영수전문학원
박민정 더클래스수학영어학원
박선영 전문과외
박성용 박성용입시전문학원
박신영 GH영수전문학원
박영하 네오시스템영어학원
박재형 인투잉글리쉬어학원
박정아 전문과외
박제선 주식회사김은정교육그룹
박준권 박준권 개인과외
배승빈 에스영어전문학원
배종원 마산무학여고
배찬희 라하잉글리시신진주역점
신형섭 크림슨어학원
심동현 The오름 영수학원
안혜경 T.O.P 에듀학원
양경화 봄영어
양기영 다니엘어학원
원임미 링구아어학원
유인희 보듬영어과외교실
이경하 비타민 영수학원
이문식 리더스 아카데미학원
이수길 명성영수학원
이연홍 리즈(Rhee's) 영어연구소
이윤섭 창원경일여고
이인아 인잉글리쉬학원
임진희 어썸영어학원
장경출 야꼼영수학원
장은정 케이트어학원
장재훈 메르센학원
정상락 비상잉글리시아이 영어교습소
정수연 Got Them
정수정 지탑영어
정희성 윈스텝영수학원
최승관 창선고등학교
최지영 시퀀스영수학원
최현정 토킹스타영어학원
최환준 Jun English
최효정 인에이블영수학원

하동권 네오시스템영어학원
하수미 진동삼성영수학원
한지용 성민국영수학원
허민정 허달영어

경북

Kailey Pak KAILEY ENGLISH
강민표 현일고등학교
강선우 EiE 고려대국제어학원
강유진 지니쌤영어
강은석 은석학원
강혜성 EiE 고려대국제어학원
고일영 영어의비법학원
김광현 전문과외
김귀숙 퀸영어교습소
김규남 경상북도 영양교육지원청
김도량 다이너마이트잉글리쉬
김도영 김도영영어
김민정 잇올초이스
김상호 전문과외
김윤채 포카학원
김으뜸 EIE어학원 옥계캠퍼스
김정선 바투하이영어
김주훈 공터 영어학원
김지현 토피아 영어 교습소
김지훈 전문과외
김형표 표쌤영어학원
문상헌 에이원영어
문홍민 메디컬영어학원
박경애 포항대성초이스학원
박계민 영광중학교
박규정 베네치아 영어 교습소
박령이 한뜻입시학원
박보성 문화고등학교
박예진 선주고등학교
박지수 포스코교육재단
배세왕 BK영수전문학원
성룡 미르어학원
손누리 이든샘영수학원
손희경 성균관아카데미 과학영어학원
유영선 아이비티주니어
유진욱 공부의힘 영수학원
윤재호 이상렬단과학원
이강정 이룸단과학원
이리나 제일영어놀이터
이민정 레이먼원어민어학원
이보라 전문과외
이상열 이상렬입시단과학원
이소연 전문과외
이지연 전문과외
이지은 Izzy English
장미 잉글리시아이 원리학원
전영아 문일학원
정소연 YBM퍼펙트잉글리쉬
정현갑 구미여자고등학교
정현수 엠베스트se위닝학원
정호정 인지니어스
조효근 수학만영어도학원
최경주 전문과외
최미선 3030영어망청포은러닝센터

허우열 탑세븐입시

광주

강나겸 스위치영어수학
곽해림 AMG 영어학원
김도엽 스카이영어학원
김도영 KOUM ENGLISH
김동익 전문과외
김명재 범지연영어학원
김병남 일등급수학위즈덤영어학원
김상연 우리어학원
김서현 전문과외
김수인 모조잉글리쉬(MOJO English)
김유경 프라임 아카데미
김유진 위트니영어유타학원
김인화 김인화영어학원
김재곤 김재곤 중고등영어학원
김한결 상무외대어학원
김효은 청담아카데미학원
김효정 광주 메이드영어학원
문장엽 엠제이영어수학전문학원
박동훈 유캔영어
박정준 동아여고
박주형 본선동 한수위 국어 영어
박혜지 YBM잉글루 최강학원
배연주 본영수학원
봉병주 철수와영수
손아미 공감스터디학원
신지수 온에어영어학원
양신애 오름국어영어학원
오승리 이지스터디
오평안 지산한길어학원
우진일 블루페스 영어학원
유현주 U's유즈영어교습소
윤은주 아이비영어교실
이민정 롱맨어학원
이소민 더클래스영어전문학원
이진희 이마스터
이현창 진월유앤아이어학원
전솔 서강고등학교
정세윤 아름드리학원
정지선 이지스터디
최연숙 엠베스트SE공부학원
최현욱 최현욱 영어학원
최혜란 토킹클럽영어학원
한기석 이(E)영어교습소
한방엽 신통학원
현동욱 박철영어학원
황선미 함께가는영어

대구

구교찬 새롬영어
구범모 굿샘영어학원
구수진 전문과외
구현정 헬렌영어학원
권보현 씨즈더데이어학원
권익재 제이슨영어교습소
권하련 아너스이엠에스학원
김근아 블루힐영어학원
김기목 목샘영어교습소

김나래 더베스트영어학원
김미나 전문과외
김민재 열공열강 영어수학학원
김병훈 LU영어
김상완 YEP영어학원
김수미 스펙마스터
김연정 유니티영어
김유환 대구 유신학원
김윤정 독쫑영어
김은혜 고등어학원 중등관
김정혜 제니퍼영어 교습소
김종석 에이블영수학원
김준석 크누KNU입시학원
김지영 김지영영어
김진호 강성영어
김철우 메라키 영어 교습소
김하나 전문과외
김현정 도우영수학원
김호연 KK 수학 영어
김희정 이선생영어학원
나기원 문깡월성점
노태경 윙스잉글리쉬
문창숙 지앤비스페셜입시학원
민승규 민승규영어학원
박고은 스테듀입시학원
박라율 열공열강영어수학학원
박민지 소나무학원
박소현 공터영어
박연희 좀다른영어
박예지 전문과외
박지환 전문과외
박희숙 열공열강영어수학학원
방성모 방성모영어학원
백소양 태학영어학원
백재민 에소테리카 영어학원
서상진 대진고등학교
서정인 서울입시학원
신경순 전문과외
신정식 넛지영어교습소
신혜경 외대어학원
심경아 Shim's English
안다영 일라영어학원
엄재경 하이엔드영어학원
오선연 전문과외
원현지 원샘영어교습소
위은령 대구 브릿지영어
유소영 YH영어교습소
윤원채 원잉글리쉬영어교습소
윤이강 카르페디엠 영어수학학원
이근성 헬렌영어학원
이동현 쌤마스터입시학원
이샛별 데카어학원
이소민 프라임영어학원
이수연 하이어영어
이수희 이온영어
이승민 전문과외
이승재 파머스어학원(침산캠퍼스)
이승현 대구 학문당입시학원
이승희 독쫑영어학원
이애진 한솔영어수학이쌤파워학원

이정인 계성고등학교
이진영 전문과외
이헌욱 이헌욱 영어학원
임형주 사범대단과학원
장정원 옥스포드영어학원
장현진 고려대EIE어학원현풍캠퍼스
전윤애 전문과외
정대웅 유신학원
정용희 에스피영어학원
조성애 조성애세움영어수학학원
조혜연 연쌤영수학원
주현지 E.T Betty
채유란 전문과외
최효진 너를 위한 영어
하해준 일라영어학원
한정아 능인고등학교
홍지수 홍글리시영어
황윤슬 사적인영어

대전

Tony Park Tony Park English
강태현 끊어읽기영어
고우리 브릭스 영어학원
곽연우 유성고등학교
권현이 디디샘영어
길민주 전문과외
김경이 영어서당학원
김근범 딱쌤영어
김기형 관저진학학원
김수연 둔산 엠폴리어학원
김영철 전문과외
김재원 중촌브레인학원
김하나 위드유학원
나규성 비전21입시학원
남영종 엠베스트SE 대전 전민점
민지원 민쌤영어교습소
박난정 제일학원
박성희 청담프라임학원
박신지 청명대입학원
박주형 전문과외
박진선 전문과외
박진주 아이린인스티튜트 대전
박현진 전문과외
박효진 박효진 영어 교습소
백지수 플랫폼학원
서윤주 전문과외
송신근 일취월장학원
심효령 삼부가람
안수정 궁극의 사고
양지현 청출어람
오봉주 새미래영수학원
오지현 영어의 꿈 & 영재의 꿈
우희진 전문과외
유정인 제니영어
윤영숙 스칼렛영어
이고은 고은영어
이길형 빌드업영어
이대희 청명대입학원
이성구 청명대입학원
이수미 둔산0505

이원성 파스칼베스티안학원
이유나 전문과외
이재근 이재근영어수학학원
이진경 이룸학원
이홍원 모티브에듀학원
장혜진 피어오름영어
정동녘 에스오에스학원
정동현 대성외국어
정라라 영어문화원 정라라 영어교습소
정윤희 Alex's English
정혜수 쌜리영어
조현 시나브로학원
진정원 코너스톤엘 상대학원
채송은 위캔영어학원
최성호 에이스영어 교습소
최현우 엠베스트SE엘리트학원
한형식 서대전여자고등학교

부산

고경원 남구감만한맥학원
김달용 Able(에이블)영어교습소
김대영 나무와숲영어교습소
김도담 도담한영어교실
김도윤 코어영어교습소
김동혁 코어국영수전문학원
김동휘 장정호 영어전문학원
김미혜 더멘토영어
김병택 탑으로가는영어
김성미 다올영어
김소연 전문과외
김재경 탑클래스영어학원
김정화 센텀영어교습소
김지애 전문과외
김진규 의문을열다
김현지 이헌 영수 학원 초량분원
나유진 채움영어교습소
남경화 전문과외
남재호 제니스학원
류미향 류미향입시영어
박문기 시너지학원
박미진 MJ영어학원
박수진 제이엔씨 영어전문학원
박아름 빡스잉글리쉬
박아림 티움영어교습소
박정희 학림학원
박지우 영어를 ON하다
박지은 박지은영어전문과외방
배거용 배거용영어전문학원
배찬원 에이플러스영어
서대광 서진단과학원
성장우 전문과외
손복건 대신종로학원
손소희 안창모 특목수능영어
손지안 정관 아슬란학원
안영실 개금국제어학원
안정희 GnB영어전문학원양성캠퍼스
오세창 범천반석단과학원
오정안 장산역 우영어학원
유수진 전문과외
윤지영 잉글리쉬 무무 영어 교습소
윤혜은 링구아어학원 동래본원
이상석 상석영어
이선영 매리쌤잉글리쉬
이순실 CDK국제어학당
이유림 유림영어교습소
이윤호 메트로 영어
이은정 영어를on하다
이재우 무한꿈터 동래캠퍼스
이정윤 아벨영어
이지현 Serena영어
이혜정 로엠어학원
이희정 로뎀영어 E&F English
장민지 탑클래스영어학원
전정은 전문과외
정승덕 JSD English
정영훈 J&C 영어전문학원
조은상 드림엔영어
조정훈 고려화 고등영어전문
채지영 리드앤톡영어도서관학원
최우성 초이English&Pass
최이내 일광IGSE 어학원
탁아진 에이블영어
하현진 브릿츠영어
한구상 전문과외
한영희 미래탐구 해운대
홍지안 에이블어학원

서울

Diana 위례광장 해법영어
가혜림 목동종로학원
강민정 네오 과학학원
강성호 대원고등학교
강예린 TG 영어전문학원
강인환 스터디코치영어전문학원
강정훈 더(the)상승학원
강현숙 토피아어학원 중계 본원
공진 리더스
구민모 키움학원
구지윤 전문과외
권보현 대치 다원교육
권순상 사과나무학원
권영진 경동고등학교
권원주 권쌤영어
권재현 icu학원
권혜령 전문과외
길수련 전문과외
김경수 목동탑킴입시연구소
김나결 레이쌤영어교습소
김다은 진인영어학원
김라영 목동퀸즈영어학원
김명열 대치명인학원
김미경 정이조 영어학원
김미선 낸시영어교습소
김미은 오늘도맑음 영어교습소
김미정 아발론랭콘신내캠퍼스
김민지 클라라영어교습소
김보영 대치 다원교육
김상희 스카이플러스
김새온 온클래스영어교습소
김석주 올림포스학원
김선경 마크영어
김선영 압구정 플래티넘 아카데미
김세현 필오름학원
김수진 리더스영어보습학원
김승환 Arnold English Class
김아름 ABC학습방향연구소
김여진 전문과외
김연희 전문과외
김영미 WIN영어
김영삼 중계YS영어
김윤선 쎌영어
김은영 루시아잉글리시
김은진 ACE영어 교습소
김종윤 가온에듀
김종현 김종현영어
김주혜 라온학원
김지영 강서고등학교
김진돈 중계세일학원
김채원 정이조 영어학원
김하나 전문과외
김현지 목동 하이스트 본원
김형준 미래탐구 오목관
김혜림 대치 청담어학원
김혜영 스터디원
나선아 전문과외
노은경 이은재어학원
노재순 씨투엠학원
노종주 전문과외
도선혜 중계동 영어 공부방
류기동 기동찬 영어학원
맹혜선 휘경여자고등학교
명가은 명가은 영어학원
문명기 문명기영어학원
문민아 탄탄대로 입시컨설팅
문영선 키맨학원
문지현 목동CNC
문진완 대원고
박광운 전문과외
박귀남 Stina+ English
박기철 한진연 입시전략연구소
박남규 알짜영어교습소
박미애 명문지혜학원
박민주 석선생 영어학원 중관
박병석 주영학원
박선경 씨투엠학원
박소영 JOY
박소하 전문과외
박소현 전문과외
박숭규 SK 영어연구소
박예나 강북예일학원
박윤주 에이원 아카데미 보습학원
박은경 오늘영어 교습소
박정호 전문과외
박정효 성북메가스터디학원
박준용 은평 G1230
박지연 영어공부연구소
박지영 전문과외
박진경 JAYz ENGLISH
박진아 사과나무학원
박찬경 펜타곤영어학원
박효원 링크영어교습소
박희삼 대치쿰인학원
방요한 대치에스학원
배수경 강일연세학원
배수현 남다른 이해 학원
백주희 레인메이커학원
변지예 북두칠성학원
서승희 대치동 함영원학원
서은조 용강중학교
선지혜 최선메이트 본사
성수빈 전문과외
성수하 전문과외
송정근 기정학원
송정은 이은재어학원
송현우 양서중학교
송혜민 전문과외
신경훈 제프영어
신동주 공감학원
신정애 와와학습코칭학원
신호현 아로새김
신희경 신쌤영어
심건희 전문과외
심나현 성북메가스터디
심민철 수능영어플러스+
심민혜 신일류수학학원
심은지 연세YT어학원
안나연 전문과외
안미영 스카이플러스학원
안성연 안스잉글리시학원
안수민 전문과외
안웅희 이엔엠 영수전문학
안일훈 안일훈영어교습소
안현우 지니영어학원
양세희 양세희수능영어학원
양하나 목동 씨앤씨
어홍주 이-베스트 영어학원
엄태열 대치 차오름학원
염석민 은평지1230
오은경 전문과외
용혜영 SWEET ENGLISH 영어전문 공부방
우승희 우승희영어학원
위정훈 앤트스터디 명품 대입관 학원
유수연 인헌중학교
유현승 심슨어학원
윤나예 미래영재
윤명원 이지수능교육원
윤상혁 전문과외
윤성 대치동 새움학원
윤은미 CnT영어학원
윤정아 윤정아영어
이강희 시은영어학원
이계훈 이지영어학원
이광희 가온에듀 2관
이국재 이은재영어학원
이남규 신정송현학원
이동근 이지스아카데미학원
이명순 Top Class English
이미영 티엠하버드영어학원
이석원 숭실중학교
이석호 교원더퍼스트캠퍼스 학원

이성택 엠아이씨영어학원
이소민 임팩트영어
이소윤 늘품영수전문학원
이승미 금천정상어학원
이시현 YBM학원
이아진 에이제이 인스티튜트
이영건 감탄교육
이영조 전문과외
이운정 전문과외
이유빈 채움학원
이은정 전문과외
이재연 대원여자고등학교
이정경 더스터디 영수학원
이정혜 서초고려학원
이종현 대원고등학교
이지연 석률학원
이지연 중계케이트영어학원
이지향 전문과외
이철웅 비상하는 또또학원
이태희 진학학원 고등관
이현승 스탠다드학원
이현민 대원고등학교
이혜숙 사당대성보습학원
이혜정 이루리학원
이희진 씨앤씨학원
임서은 H&J 형설학원
임지효 전문과외
장근아 씨티에이정도학원
장민정 전문과외
장서영 전문과외
장서희 전문과외
장재원 전문과외
장혜민 에스클래스 영어전문학원
전다은 동화세상에듀코 와와센터
전보람 상명대학교사범대학부속여자고등학교
전성연 대성학원고척캠퍼스
전여진 진중고등영어
정가람 촘촘영어
정경록 미즈원어학원
정경아 정쌤영어교습소
정민혜 정민혜밀착영어학원
정성준 팁탑영어
정소연 이투스 전홍철 연구실
정원경 대원고등학교
정유진 탑잉글리쉬매쓰학원
정은미 류헌규영어학원
정은아 헨리영어학원
정재욱 씨알학원
정해림 전문과외
정해림 전문과외
조대웅 전문과외
조미영 튼튼영어마스터클럽구로학원
조민석 더원영수학원
조민재 정성학원
조봉현 조셉영어국어학원
조봉희 자이온엘연구소
조아라 강북청솔학원
조연아 전문과외
조용현 바른스터디학원
조윤신 조이스 영어 교습소

조정현 동원중학교
조현미 조현미 영어 클래스
주정연 DYB최선어학원 마포캠퍼스
지현진 목동JSB영어학원
진수범 이상숙어학원
진영민 브로든영어학원
진주현 EMC
차주훈 트라인 영어 수학 학원
채민지 전문과외
채상우 클레영어
채에스더 문래중학교
최민주 전문과외
최유리 아이디어스 아카데미
최윤정 잉글리쉬앤 매쓰매니저 학원
최정문 한성학원
최진 금천정상어학원
최현선 수재학원
최형미 전문과외
최혜선 DYB최선어학원 마포캠퍼스
최희재 이주화어학원
하슬기 세종학원
한문진 이룸영어
한안미 한스잉글리시영어교습소
한인혜 레나잉글리쉬
함규민 클레어영어
허동녕 학림학원
허유정 YJ최강영어
홍대균 선덕고등학교 특강강사
홍영민 성북상상학원
홍제기 정상어학원
황규진 잉글리쉬잇업
황상희 어나더레벨 영어전문학원
황혜정 석선생영어학원
황혜진 이루다 영어

세종
강봉식 맥스터디학원
곽영우 연세국제영어
권은경 전문과외
김지원 도램14영어
박혜진 전문과외
방종영 세움학원
백승희 백승희 영어
손대령 강한영어학원
송지원 베이 영어 & 입시컨설팅
안성주 더타임학원
안초롱 21세기학원
윤정근 만점영어학원
이다솜 세종장영실고등학교
이민지 공부방 마스터잉글리쉬
이지영 세종중학교
장소영 상위권학원
조영재 카이젠교육
지영주 제나쌤의 영어교실

울산
강상배 1%단과전문학원
김경수 핀포인트영어학원
김내경 박정민영어
김성희 1%단과전문학원

김윤정 전문과외
김한중 스마트영어전문학원
김해섭 에임하이학원
양혜정 양혜정영어
이서경 이서경 영어
이수현 제이엘영어교습소
정은선 한국ESL어학원
조충일 YBM 울산언양제1학원
최나비 더오름 high-end 학원
한건수 한스영어
한아련 블루밍영어교습소
허부배 비즈단과학원

인천
강미현 로렌영어
곽소희 인명여고
구하라 동인천 종로 엠
김남주 전문과외
김미경 김선생 영어/수학교실
김서애 제이+영어
김선나 태풍영어학원
김성률 좋은나무학원
김영재 강화펜타스학원
김영태 에듀터학원
김영호 조주석 수학&영어 클리닉학원
김윤경 엠베스트SE학원
김재혁 토피아 어학원
김정형 연평도고등학교
김정훈 TNL 영어 교습소
김종만 문일여자고등학교
김지연 인천 송도탑영어학원
김지우 청담 에이프릴 어학원
김진용 학산학원
김택수 부개제일학원
나일지 두드림 HIGH학원
문지현 전문과외
박나혜 TOP과외
박세웅 서인천고등학교
박소희 북인천SLP
박재형 들결영어교습소
박종근 유빅학원
박주현 Ashley's English Corner
박진영 인천외국어고등학교
신나리 이루다교육학원
신영진 엉끌쌤과외
신은주 명문학원
신현경 청라 미라클 어학원
안진용 Tiptop학원
안현정 진심이교육하는학원
양현진 지니어스영어
양희진 지니어스영어
오성택 소수정예 중고등영어
오희정 전문과외
원준 전문과외
윤희영 세실영어
이가희 S&U영어
이금선 전문과외
이미선 고품격EM EDU
이슬 청라어썸영어학원
이윤주 Triple One

이은정 인천논현고등학교
이응제 숭덕여자고등학교
임현주 원소운과외
장승혁 지엘학원
전혜원 제일고등학교
정도영 대신학원
정수진 11월의 비상
정유리 인천아라고
정은혜 즐거운 정샘 영어학원
정지웅 정지웅 영어교실
정춘기 올어바웃잉글리쉬
조윤정 원당중학교
최민지 빅뱅영어
최윤정 BK영어전문학원
최지유 J(제이)영수전문학원
최지혜 유베스타 어학원
최창영 학산학원
한보륜 더뉴에버
한승완 청라하이츠영수학원
허대성 방과후1교시
홍덕창 송현학원 계양분원
홍승표 보스턴영어학원
홍정희 지성의 숲
황성현 인천외국어고등학교

전남
강용문 JK영어입시전문
강유미 목포남악정상어학원
고경희 에이블잉글리쉬
김미선 여수영어교습
김수희 Irin영어
김아름 지앤비 어학원
김은정 BestnBest 영어전문
김지현 이써밋영수학원
김채연 전문과외
라희선 재스민영어 전문과외
류성준 타임영어학원
박동규 정상학원
박은유 함평월광기독학교
박팔주 하이탑학원
손성호 아름다운 11월 학원
심명희 SP에듀학원
양명승 엠에스 어학원
오은주 순천금당고
이상호 스카이입시학원
이영주 재키리 영어학원
조소을 수잉글리쉬
차형진 상아탑학원
황상윤 K&H 영어 전문학원

전북
강지훈 고려학원
길지만 비상잉글리시아이영어학원
김나은 애플영어학원
김나현 전문과외
김대환 엠베스트SE아중점
김설아 에듀캠프학원
김수정 베이스탑스터디
김숙 매딘원영어
김영해 피렌체 어학원

김종찬 부안최강학원
김태연 전문과외
김현영 하이어잉글리쉬 영어교습소
나종훈 와이엠에스입시전문학원
박욱현 군산외대어학원
박준근 이투스247 전주완산점
박차희 연세입시
배영섭 YMS 입시학원
서명원 군산 한림학원
신원섭 리좀영어학원
심미연 호남고등학교
안지은 안지은영어학원
유영목 유영목영어전문
이경훈 리더스영수전문학원
이예진 고려대EIE어학원
이윤경 코드영수전문학원
이지원 탄탄영어수학전문학원
이한결 DNA영어학원
이현준 전문과외
이효상 에임하이영수학원
장동욱 의치약한수학원
정방현 익산투탑영수학원
조형진 대니아빠앤디영어교습소
최석원 전주에듀캠프학원
최유화 순창 탑학원
허육 YMS입시전문학원
홍진영 지니영어교습소

제주
강수빈 전문과외
고보경 제주여자고등학교
고승용 RNK 영어수학학원
김민정 제주낭만고등어학원
김태형 Top Class Academy
김희 전문과외
박시연 에임하이학원
배동환 뿌리와샘
송미현 세렌디피티 영어과외 공부방
신연우 전문과외
이지은 제주낭만고등어학원
임정열 엑셀영어 전문과외
정승현 J's English
한동수 위드유 학원

충남
고유미 고유미영어
권선교 합덕토킹스타학원
김선영 어플라이드 영어학원
김인영 더오름영어
김일환 김일환어학원
김창식 서산 꿈의학교
김창현 타임영어학원
김현우 프렌잉글리시로엘입시전문학원
남궁선 공부의맵 학원
박아영 닥터윤 영어학원
박재영 로제타스톤 영어교실
박제희 대안학교 레드스쿨
박태혁 인디고학원
박희진 박쌤 과외
백일선 명사특강
설재윤 마스터입시학원
송수아 송수아 영어 교습소
심현정 홀리영어
오근혜 셀렌쌤영어
유정선 메가수학메가영어학원
이규현 글로벌학원
이사랑 오성GnB영어학원
이정찬 두빛나래영수학원
이종화 오름에듀
이지숙 마이티영어학원
이호영 이플러스학원
이황 천안강대학원
임한수 탑클래스학원
임혜지 전문과외
장성은 상승기류
장완기 장완기학원
장진아 종로엠스쿨 부여점
주희 천안 탑씨크리트영어학원
채은주 위너스학원
최용원 서일고등학교
허길 에듀플러스학원
허지수 전문과외

충북
강홍구 청주오창비상아이비츠학원
김도현 에스라이팅어학원
마종수 새움다옴학원
박광수 필립영어전문
박상하 상하영어
박수열 팍스잉글리쉬학원
신유정 비타민 영어클리닉 학원
연수지 탑클랜영어수학학원
우선규 우선규영어교습소
윤홍석 대학가는 길 학원
이경수 더에스에이티영수단과학원
이재욱 대학가는 길 학원
이재은 파머스영어와이즈톡학원
임원용 KGI의대학원
최철우 최쌤영어
최하나 라이트에듀영어교습소
최하나 전문과외
하선빈 어썸영어전문학원

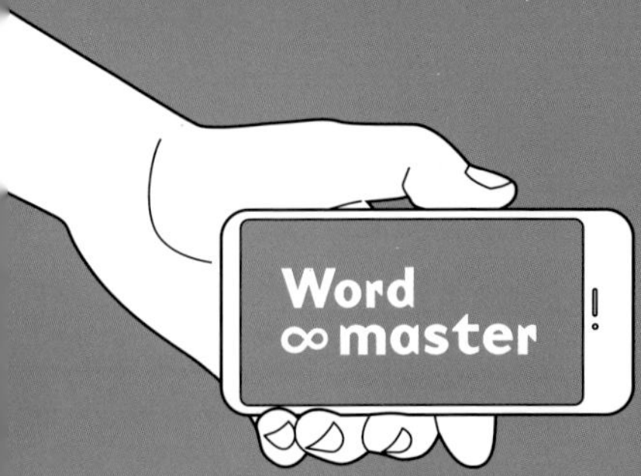

학습앱으로 단어 암기 효과 업그레이드

워드마스터 학습앱 How To Use

Step. 1 앱 설치 및 회원가입

» 앱 바로가기

Step. 2 마이룸에서 학습앱 코드 입력

Step. 3 학습관에서 데이터 다운로드

Step. 4 학습관에서 단어/음성 암기부터 TEST까지

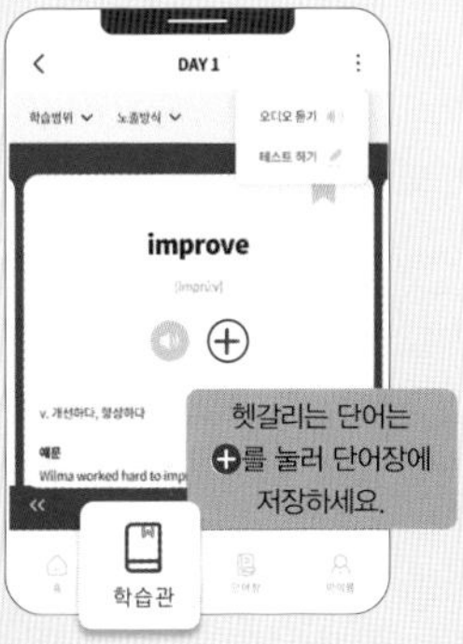

Step. 5 단어장에서 헷갈리는 단어 복습

Step. 6 마이룸에서 누적 테스트 결과로 학습 상태 점검

워크북의 학습앱 코드를 입력해서 바로 사용하세요!